本真教育发展研究

黎瑞和　编著

吉林文史出版社

图书在版编目（CIP）数据

本真教育发展研究 / 黎瑞和编著 . — 长春 ：吉林
文史出版社，2025. 2. — ISBN 978-7-5752-0983-0

Ⅰ . G62

中国国家版本馆 CIP 数据核字第 2025RS5552 号

本真教育发展研究
BENZHEN JIAOYU FAZHAN YANJIU

编　　著：黎瑞和
责任编辑：李　鹰
出版发行：吉林文史出版社
电　　话：0431-81629359
地　　址：长春市福祉大路 5788 号
邮　　编：130117
网　　址：www.jlws.com.cn
印　　刷：定州启航印刷有限公司
开　　本：710mm×1000mm　1/16
印　　张：11
字　　数：160 千字
版　　次：2025 年 2 月第 1 版
印　　次：2025 年 2 月第 1 次印刷
书　　号：ISBN 978-7-5752-0983-0
定　　价：68.00 元

序

　　《本真教育发展研究》是一本深入探讨本真教育理论与实践的重要著作，由东莞名校长黎瑞和撰写。该书不仅对本真教育进行了系统阐述，而且提供了丰富的实证分析和案例研究，是教育理论与实践结合的典范。

　　在当前教育领域中，学生对全面发展的需求日益增长，本书正是在此背景下应运而生的。作者基于深厚的教育理论基础，结合国内外教育改革的最新发展，探讨了本真教育的理念、实践与未来发展方向。本书通过对高埗西联小学等案例的详细剖析，展现了本真教育在实际应用中的成效与挑战，为读者提供了一种全新的视角来理解和应用本真教育理论。

　　本书的核心在于阐释了本真教育作为一种教育理念的深刻内涵和广泛应用。"本真"，即"务本求真"，强调的是教育应当回归其本源，即立德树人的根本任务。作者引用《论语》中的"君子务本"来进一步说明务本的重要性，表达了教育应当注重本质、追求真理的观点。在具体教育实践中，本真教育倡导以学生为中心，尊重每个学生的个性和发展规律，鼓励他们在自然和轻松的环境中发挥其潜能。

　　本书共五章，系统地展开了从理论到实践的全面论述。每一章都围绕本真教育的一个或多个方面进行深入探讨，从理论概述到实践研究，再到未来展望，层次分明、逻辑严密。特别是在讨论本真教育的具体措施和教师实践时，作者提供了诸多创新性的思路和策略，这对于正在寻求教育改革路径的学校和教育工作者而言具有重要的指导意义。作者还特别关注了新技术革命对教育领域的影响，讨论了如何在保持教育本质的同时，利用新技术提升教育质量和效率。这一部分不仅展示了作者对教育趋势的敏锐洞察，也为读者提供了关于如何在快速变化的社会环境中保持教育理念不变的思考。

《本真教育发展研究》是一本理论深刻、实践丰富、富有启发性的著作，对于教育政策制定者、学校管理者、教师以及教育研究人员都具有很高的参考价值。它不仅帮助我们理解本真教育的深层价值，还指引我们如何在实际教育活动中落实这一教育理念，促进学生的全面发展。

在读完这本书之后，我深感其对当前教育改革和发展的重要意义。它不仅为我们提供了一种全新的教育理念，更为教育实践中遇到的各种问题提供了可行的解决方案。我坚信，这本书将激发更多教育工作者的思考，推动本真教育理念的广泛传播和应用。

《本真教育发展研究》是一本不可多得的教育著作。它的出版对于推动我国教育事业的发展将起到积极的促进作用。我诚挚地向每名教育工作者、政策制定者以及对教育有兴趣的读者推荐这本书，相信每个人都能从中获得宝贵的知识和启示。

吴东涛

2024年8月5日

前　言

　　"十三五"时期是东莞市率先全面建成小康社会的决胜期，也是东莞教育实现新跨越的关键期。为进一步落实教育现代化，办好人民满意的教育，高埗西联小学充分抓住这一实现办学新跨越的战略机遇期，以《国家中长期教育改革和发展规划纲要（2010—2020年）》《广东省中长期教育改革和发展规划纲要（2010—2020年）》和《中共东莞市委、东莞市人民政府关于推进教育改革发展，加快实现教育现代化的决定》文件精神为导向，以本真教育为办学思想及品牌发展主题，积极推动品牌学校建设工作，努力促进学校内涵发展、特色发展，不断提升办学水平和品牌影响力，目标是把学校发展成办学理念先进、办学特色鲜明、教育内涵发展、办学成效突出、社会口碑好的品牌学校。

　　根据东莞市教育局出台的《东莞市普通中小学品牌学校培育工作推进方案》的精神，为了进一步巩固和发展办学特色，提升学校办学水平，高埗西联小学明确提出努力办成家门口的好学校、打造高埗西联小学本真教育品牌、全面建成湾区都市高品质镇域小学典范的目标，并积极进行市级品牌学校申报、创建工作。

　　每个生命都是一个独立体，存在差异，真正的教育应是尊重生命的发展规律，让每个生命独立体自然绽放。在教育不断深入发展的今天，小学阶段是培养学生良好习惯和思维能力、创新能力的黄金时期，教育的核心不仅是传授知识，更重要的是对学生思想品德的培养，以及对其健康人格的塑造。

"本真"即"务本求真"。"务本"语出《论语》："君子务本，本立而道生。"本，即事物的根源或中心、主要部分，与"末"相对。务本，即重视本质、本源，专心致力于根本。2016 年，习近平总书记在第三届世界互联网大会上发表的讲话中就引用了《论语》中的这句话，提出了全球互联网发展治理的"四项原则""五点主张"。这些务本之言得到国际社会积极响应，深入人心，辐射广泛，影响深远。我们需要理解，立本、务本、本真的"本"就是本源、本质、根本、核心。本真的"真"，就是追求真理、真抓实干。

本真教育就是回归教育的本源，按照学生成长的规律，立德树人，坚持从学生实际出发，充分发挥他们的主体性，高度尊重其个性。顺应孩子的智力发展水平，让学生按教育规律学习，使课堂焕发出生命活力，引导学生扣好人生第一粒扣子，使他们的潜能得以提升，掌握学习的规律，使学校充满勃勃生机。习近平总书记于 2014 年 9 月 9 日在北京师范大学考察时号召全国广大教师做党和人民满意的好老师，并提出了四点要求：有理想信念、有道德情操、有扎实学识、有仁爱之心。这就是本真教育对教师的要求，所有教师应铭记在心，坚决付诸实践。

在探索小学阶段的素质教育中，本真教育的实践显得尤为关键。该教育模式针对小学生的特性，展现出三个鲜明的特点。首先，小学阶段的素质教育注重发展性，认识到小学生素质发展的高度可塑性。本真教育在这一阶段能够展现出极大的灵活性，顺应儿童的天性。其次，考虑到小学生在学习方式上倾向于兴趣导向，喜欢简单直观的内容，并且对习惯的培养占据重要地位，本真教育应采用与小学生的学习方式、内容和习惯相匹配的教育指导理念和管理目标。最后，小学教师的专业素养在本真教育中起决定性作用。教师须具备期待花开般的耐心、专注于育人的静心态度、强烈的职业认同感和深厚的教育情怀。

随着新技术革命对教育领域的影响日益显著，不同学校在本真教育

的理论与实践中展现出各自的特色和差异。这些特色和差异不仅源自各校的具体校情，还因各校追求不同的教育效果和目标。因此，本真教育的研究与实施需要根据学校的具体情况进行适当调整，以确保教育活动的有效性和适宜性。这种对灵活性和适应性的要求，使得本真教育在不同教育环境中的应用变得更为复杂，但也更具前瞻性和创新性。西联小学的本真教育是展现自身特色的素质教育。本书以西联小学的具体案例来呈现，因此，此书是一本兼具理论深度和实践价值的著作，对于从事学校素质教育的相关人员来说，具有很高的参考价值。

面对瞬息万变的社会环境和多元化的教育需求，如何将本真教育推向更高的层次，以更好地实现教育的本质和价值？为解决这一问题，在本真教育的基础上，德本教育实践研究应运而生。潢涌小学的德本教育，即以德育为根本的教育方式，其教育理念为"德本立人，怀恩正行"。旨在通过培养学生的道德品质、人文情怀及社会责任感，塑造出具有高尚品德和全面发展的优秀人才。因此，德本教育是本真教育的发展延续，是现代化、多元化教育的需求，是新时期立德树人的具体体现。

在本书的撰写过程中，感谢本真教育研究团队在教育实践活动环节、资料收集和整理等方面给予的帮助，同时感谢吴东涛副教授、黎秉铿校长提出的很多宝贵建议，这些帮助和建议使本书更加具有广度和深度。在此对所有关心、支持、帮助过我的良师益友致以诚挚的谢意。由于时间、水平有限，书中难免存在疏漏之处，恳请广大读者批评指正，以便我们在未来的研究中不断完善和提高。最后，我们相信，这本书将为您带来新的思考和启示，为您的事业和生活带来更多帮助和指导。

黎瑞和

2024 年 7 月

目　录

绪论

第一节 研究背景

一、传统教育模式面临的挑战

传统教育模式主要以知识传授为核心，其教学过程通常是一种单向的信息传递。在这种模式下，教师被视为知识的主要传递者，他们负责将预设的课程内容传授给学生。而学生以接受这些知识为主，较少参与知识的建构和自主学习。这种教育模式强调标准化的课程设置，所有学生按照统一的课程大纲学习相同的内容，教师运用相同的教学方法。这种统一性虽然保证了教育的一致性，但对个体差异和多样性提出了挑战。

每个学生在兴趣、能力、背景等方面都存在显著差异，标准化的课程和教学方法在满足这些差异性需求方面存在一定挑战。在适应统一标准的过程中，一些学生可能无法充分发挥他们的潜力，难以展现其独特的优势。

在评价方面，传统教育模式通常依赖于统一的考试和标准化的测试。学生的学业成绩主要通过考试成绩来衡量，这种评价方式在有效评估学生的理解和应用能力方面面临一些挑战。学生往往关注如何在考试中取得高分，而不一定会在现实生活中运用所学知识解决实际问题。

传统教学模式在教学内容与学生实际生活经验的联系上也面临挑战。课程设计更多关注的是学科知识的系统性和逻辑性，而不是学生的生活实际和兴趣爱好。如何让学生将在课堂上学到的知识与生活中的实际问题联系起来，使学习内容对他们更具有吸引力和现实意义，是一个需要解决的问题。

二、社会变革与教育需求的变化

当今社会在快速发展，科技在不断进步，社会对人才的需求也发生了深刻变化。现代社会需要的是具备创新能力、解决实际问题能力和团队合作精神的综合型人才，而不仅仅是掌握知识的"书呆子"。具体而言，以下几个方面的社会变革对教育提出了新的要求。

（一）信息技术的迅猛发展

互联网和数字技术的普及使信息变得更加易于获取和传播。学生可以通过搜索引擎、在线课程、电子图书和各类教育平台轻松地获取他们所需的知识和信息。这种便利性使学生不再局限于教科书和课堂教学，可以自主选择学习资源，根据自己的兴趣和需求进行个性化学习。因此，教师需要适应这种变革，不能只是知识的传授者，更要引导学生如何有效地利用这些信息资源，培养他们的信息素养。

信息素养不仅包括获取信息的能力，还包括评估、处理和应用信息的能力。学生需要学会辨别信息的真实性和可靠性，理解和分析信息的内涵，并将其应用于实际问题的解决。这种能力的培养需要教育系统在课程设计和教学方法上进行调整，注重培养学生的批判性思维和信息处理能力。在信息爆炸的时代，学生面对的信息量巨大且多样化，他们需要具备自主学习的能力，能够自主选择学习内容和方法，并进行有效的时间管理和自我评估。自主学习能力的培养不仅有助于学生在学术上获得成功，更为他们未来的职业发展和终身学习奠定了基础。

传统的教学方式逐渐被混合式学习、翻转课堂等新型教学模式所取代。这些教学模式利用信息技术，将课堂教学与在线学习相结合，增强了学习的灵活性和互动性。例如，在翻转课堂模式下，学生可以通过观看教师预先录制的视频课件进行预习，在课堂上更多地参与讨论、实践和项目合作，从而拓展学习的深度和广度。在这种背景下，教师的角色也发生了变化，不再是单纯的知识传授者，还是学习的引导者和促进者。他们需要掌握和利用信息技术，为学生提供多样化的学习资源和机会，激发其学习兴趣和潜能。同时，教师还需要不断提升自己的信息素养，跟上技术发展的步伐，以适应新的教育环境。在线教育平台和数字资源的广泛应用，使教育资源的获取不再受地域和经济条件的限制。无论是在城市还是在农村，学生都可以通过互联网接触优质的教育资源，得到平等的教育机会。这对缩小教育差距、促进社会公平具有重要意义。

（二）全球化进程的加快

全球化不仅影响了国际贸易和跨国投资的合作方式，还深刻改变了社会的各个层面，包括教育。随着全球化的深入发展，教育领域面临着新的挑战和需求，要求培养学生的全球视野和跨文化交流能力。

学生在未来的工作和生活中，很可能会与来自不同文化背景的人进行合作。因此，教育者需要让学生了解和尊重不同的文化背景，培养他们的跨文化交际能力。这不仅包括语言能力的提升，还包括文化敏感性和跨文化沟通技巧。通过学习不同国家的历史、文化、风俗习惯和价值观，学生可以更好地理解和适应多元文化环境，具备全球化所需的开放心态和包容精神。现在越来越多的学生选择出国留学，接受国际化教育，以开阔视野和提升自身竞争力。国际化教育不仅包括在国外的学习经历，还包括在本国教育体系中引入国际课程和教学方法。这些课程和方法不仅注重学术知识的传授，还强调学生的综合素质、跨学科能力的提升，为他们未来在全球化环境中的发展打下坚实基础。

传统教育模式中的学科界限逐渐模糊，综合性、跨学科的课程设计越来越受到重视。教育需要培养学生的综合素质和推动其掌握多学科知识，使他们能够应对复杂多变的全球化挑战。

在全球化背景下，教育资源的分配和获取变得更加重要。发达国家和发展中国家在教育资源上的不平衡现象仍然存在，这对全球教育公平提出了挑战。为了实现全球教育的公平和普及，需要通过国际合作和援助，促进教育资源的共享和流动。全球化对教师的专业发展提出了更高的要求。教师不仅需要具备扎实的专业知识和较高的教学能力，还需要了解和掌握全球化背景下的教育理念和教学方法。教师需要不断提升自己的国际化素养，了解全球教育发展的最新动态和趋势，能够在教学中融入国际化元素，培养学生的全球视野和跨文化交流能力。为此，教育机构需要为教师提供更多的国际交流和培训机会，帮助他们提升专业素养，适应全球化背景下的教育需求。

各国政府和教育机构需要制定和实施适应全球化背景的教育政策，促进国际教育合作和交流，推动教育创新和改革。例如，通过建立国际教育合作伙伴关系，开展师生交流项目，推动跨国教育资源共享和学术合作，为学生提供更多的国际化学习机会和平台。

（三）社会分工的精细化

社会分工的精细化是现代社会发展的一个显著特征，它使各个行业和职业的界限更加明确，对专业人才的需求变得更加多样化和具体化。这一变革对教育提出了新的要求，教育系统需要因材施教，培养学生的个性和专长，从而帮助他们在未来的职业生涯中找到合适的位置。

　　传统的宽泛教育模式已经不能满足现代社会对高素质专业人才的需求。社会分工的精细化要求教育更加关注学生的个性发展，鼓励他们根据自己的兴趣和特长选择学习方向，并在这一过程中获得深度的专业知识和实践技能。这种个性化教育不仅有助于学生在学术上取得成功，更能让他们在未来的职业生涯中发挥最大潜力。精细化的社会分工还促使教育系统进行课程设计和教学方法的改革。传统的教育模式往往侧重于理论知识的传授，忽视了实践能力和专业技能的培养。然而，现代社会对人才的要求不仅限于知识水平，更看重他们在实际工作中的表现和解决问题的能力。为此，教育需要更多地融入实践教学，强调动手能力和项目管理能力的培养。通过与行业、企业的合作，学校可以为学生提供更多的实习和实践机会，促使他们在实际工作中积累经验，了解行业动态和需求。

　　教育不是一个单一的路径，而是应根据学生的不同需求和发展方向提供多元化的教育选择。职业教育、技术教育和继续教育等多种形式的教育模式应当并存，互为补充，为学生提供更多的发展机会和空间。教育机构需要不断更新课程内容和教学方法，适应社会和科技发展的最新变化，确保学生所学的知识和技能能够紧跟时代的步伐。教师在这个过程中扮演着重要的角色。他们不仅是知识的传授者，更是学生成长和职业发展的指导者。教师需要不断提升自己的专业水平和教学能力，了解行业的发展趋势和最新技术，能够为学生提供有针对性的指导和支持。同时，教师还需要具备较强的职业素养和教育理念，能够激发学生的学习兴趣和潜能，引导他们找到自己的发展方向。

　　在社会分工日益精细化的背景下，教师的职责不仅是传授知识，还要培养具备专业技能和创新能力的人才。教育系统需要不断调整和优化自身，以适应社会变革的需求，帮助学生在复杂多变的社会环境中找到自己的位置，实现个人价值和社会价值的统一。通过因材施教、个性化培养和多样化教学，教育将更好地服务于现代社会并符合其发展需求，为社会的持续进步和繁荣贡献力量。

三、教育理念的演变

中国传统教育理念深受儒家思想影响，强调知识传授和道德教育，强调教师权威和学生对教师的服从。然而，随着时代的进步和社会的变革，这种单一的教育模式逐渐暴露出其局限性。教育界开始反思传统教育的弊端，探索新的教育理念，以更好地适应现代社会对多样化人才的需求。

20世纪初，随着西方教育思想的引入，中国教育界开始逐步接受和尝试新的教育理念。杜威的进步主义教育思想在中国产生了重要影响。他主张教育应以学生为中心，强调经验和实践的重要性。这一思想推动了中国教育界对传统教学方法的反思，促使教育者开始关注学生的实际生活和个性发展。尽管进步主义教育思想在当时并未全面普及，但它为中国本真教育的发展提供了重要的理论基础。

中华人民共和国成立后国家对教育事业进行了全面改革，提出了"教育为人民服务"的宗旨。尽管这一时期的教育仍然强调知识传授和政治教育，但也开始重视学生的全面发展。改革开放以来，随着中国社会经济的快速发展，教育理念进一步更新，强调素质教育的重要性。素质教育主张全面培养学生的德、智、体、美、劳，注重学生的全面发展和个性培养，这与本真教育的理念不谋而合。

进入21世纪，随着全球化和信息技术的快速发展，中国教育面临新的挑战和机遇。传统的应试教育模式逐渐无法满足社会对创新型人才的需求。教育界开始更广泛地借鉴国际先进教育理念，并结合中国实际，探索适合本土发展的教育模式。本真教育在这一背景下应运而生。它强调教育应回归本质，关注学生的真实需求和全面发展。本真教育注重学生的个性发展和自主学习能力的培养。与传统教育模式不同，本真教育

主张教师应成为学习的引导者和支持者，而非知识的唯一传授者。教师通过创设真实的学习情境，激发学生的学习兴趣，鼓励他们自主探究和合作学习。这一教育理念强调教育内容的真实性和相关性，使学习变得更加生动和有意义。

为了实现本真教育的目标，课程设置和教学方法也进行了相应的改革。课程设计更加灵活，注重跨学科的综合性和实践性，鼓励学生在实际问题的解决中学习和成长。教学方法上，项目式学习、探究式学习等新型教学模式得到广泛应用，通过实际的项目和问题情境，培养学生的创新能力和实践能力。这些变化不仅提升了学生的学习积极性，而且促进了他们的全面发展。

在评价体系上，本真教育摒弃了传统的单一评价标准，倡导多元化的评价方式。评价不仅关注学生的学业成绩，更注重他们在实际应用中的表现和成长过程。表现性评估、档案袋评估等评价方式逐渐得到推广，通过全面考查学生的综合素质和能力，促进他们进行自我反思和不断取得进步。这种评价方式更符合本真教育的理念，能够更全面地反映学生的真实水平和潜力。近年来，国家出台了一系列教育改革政策，鼓励创新教育和素质教育的发展。这些政策的实施为本真教育的发展提供了有力保障，也推动了教育理念的进一步转变。例如，《国家中长期教育改革和发展规划纲要（2010—2020年）》明确提出要"促进学生全面发展"，强调教育应"为每个学生提供适合的教育"。这些政策导向与本真教育的理念高度契合，为其推广和实践奠定了坚实基础。

在实践层面，本真教育在各地得到积极探索和实践。一些教育实验区和示范校通过改革课程体系、创新教学方法、优化评价体系等措施，取得了显著成效。这些探索和实践不仅提升了教育质量，而且为全国范围内推广本真教育积累了宝贵经验。各地教育主管部门和学校应积极学习和借鉴先进经验，推动本真教育的进一步发展。

第二节　研究价值

本真教育的研究价值在不同方面展现了其深远影响，如表 0-1 所示。

表0-1　本真教育发展的研究价值

研究价值	具体内容	实施方法	研究意义
促进个性化学习的深化	通过定制化的学习方案，更加精确地满足学生的学习需求，提升学习动机和教育有效性	深入了解学生的兴趣和需求，设计符合学生兴趣的课程内容，根据反馈动态调整教学策略	提升教育的有效性和增强学生的学习动机，为个性化教育提供实证支持
增强学习的实用性与促进学习的情境化	将教室内的学习与现实世界的问题紧密结合，提高学习的相关性和有效性，增强学习动机和参与度	通过项目基础学习、案例研究和现场考察等方式，让学生在真实情境中学习，增强学习的实用性	为项目基础学习等创新教学方法提供研究案例，提高学习的现实应用价值
促进批判性思维与创造力的培养	强调学生在学习过程中的主动性和创新性，培养批判性思维和创造力，鼓励创新思考和自主构建知识体系	采用开放式问题和项目，鼓励学生创新思考，接受试错过程，整合不同学科的视角进行思维训练	为批判性思维和创造力的培养提供有效方法和实践经验，推动教育创新

续　表

研究价值	具体内容	实施方法	研究意义
增强教育的包容性和公平性	确保每个学生，无论背景如何，都能接受适合其需求的教育，促进教育平等和提升教育质量	设计具有包容性的教学策略，提供必要的学习资源和特殊支持，培训教师识别和克服教育偏见	为全球教育公平和高质量教育提供有效模型和实践案例，促进可持续发展目标的实现
促进终身学习能力的提高	强化学习策略的重要性，培养自我驱动的学习能力，支持终身学习，适应变化的技术环境	教授学习策略，支持自我驱动的学习，培养社交技能和协作能力，强调技术环境适应	探索教育创新对个人和社会的长期影响，为教育政策制定提供支持

一、促进个性化学习的深化

本真教育强调将学生的个性、兴趣和实际需求作为教学设计的核心，通过这种教育模式，教师能够更加精确地满足每名学生的学习需求。在传统的教育模式中，教学通常是统一的，忽略了学生个体之间的差异。而本真教育模式通过定制化的学习方案，将每名学生的个性、兴趣和生活经验作为学习过程的出发点和落脚点，极大地提升了教育的有效性和学生的学习动机。在实践中，本真教育首先要求教育者深入了解每名学生的兴趣和需求。这可通过问卷调查、一对一访谈、观察学生的日常行为或与家长的交流等方式进行。获取这些信息后，教育者可以设计更符合学生兴趣的课程内容，如将学生喜欢的运动、艺术或科技元素融入学习活动中。例如，对于对天文感兴趣的学生，教师可以在教授物理科学的同时，引入天体观测的实践活动，让学生通过实际操作来深化对理论的理解。

本真教育也强调根据学生的反馈来调整教学策略。这种动态调整的过程不仅体现在教学内容的适应上，还包括教学方法的灵活变换。例如，如果一名学生在传统的讲授模式下学习效果不佳，教师可能会尝试采用更互动的教学方式，如协作学习或项目式学习，以增强该学生的参与感和学习动力。通过实时监测学生的学习进度和反馈，教育者能够不断优化教学计划，确保教学活动既能激发学生的兴趣，又能有效地支持其学习目标的实现。在促进个性化学习的同时，本真教育还注重培养学生的自我反思能力。教育者鼓励学生评估自身的学习经历，识别自己的学习风格和偏好。这种自我认知的过程对学生未来的学习生涯至关重要。学生通过反思学习经历，不仅可以更好地了解自己，还能主动寻找最适合的学习资源和策略。

二、增强学习的实用性与促进学习的情境化

本真教育在增强学习的实用性与促进学习的情境化方面展现了显著的优势，通过将教室内的学习与现实世界的问题紧密结合，极大地提高了学习的相关性和有效性。这种教育模式不仅将学生从传统的课堂设置中解放出来，而且通过让他们参与到真实世界的情境中，增强了其学习动力和参与度，使学习成果更加稳固和持久。项目式学习模式是本真教育中一种重要的教学策略。它要求学生在教师的指导下，围绕一个具体的、多方面的项目进行学习。这类项目通常是跨学科的，需要学生应用多个学科的知识和技能。以社区园艺项目为例，学生不仅需要了解植物生长的生物学原理，还要学习土壤科学、气候因素以及可持续农业的概念。此外，在项目的设计、规划和实施过程中，学生必须运用他们的数学和统计知识来预算成本、测量植物生长率等。

在项目式学习模式中，学生的角色从被动接受知识者转变为主动探索和解决问题的参与者。这种转变不仅提升了学生的批判性思维能力，还增强了他们解决复杂问题的能力。通过实际操作和实验，学生能够更好地理解理论知识如何应用于实际情境，这种经验是传统教师难以提供

的。本真教育通过基于探究的学习活动，如案例研究、现场考查等，让学生能够在真实的或模拟的环境中探索具体问题。例如，学生可能会参与到当地社区的环境保护项目中。通过这种方式，他们不仅能够理解生态系统的复杂性，还能学习如何制定和实施具体的保护措施。这种学习方式使学生能够看到自己的学习成果如何对社会产生积极影响，从而增强了学习的社会意义和个人价值感。

团队合作是项目式学习模式的另一个重要方面。在团队项目中，学生需要与他人协作，共同解决问题，这不仅提升了他们的沟通和协调能力，还有助于培养其领导能力和团队精神。通过这种互动和合作，学生可以从同伴那里学习到不同的观点和方法，这种多样性的观点和解决方案的探索进一步丰富了他们的学习经验。

三、促进批判性思维与创造力的培养

本真教育框架下的批判性思维和创造力的培养是教育的核心目标之一，特别强调学生在学习过程中的主动性和创新性。通过这种教育模式，学生被鼓励不仅接受现有的知识和信息，而且通过批判性的分析和创新思考，自主地构建和拓展他们的知识体系。

批判性思维的培养需要学生在接收任何信息时，都能进行深入分析和评估。教育者在这一过程中扮演的是引导者和挑战者的角色，需要不断地向学生提出问题，挑战学生的思维，引导他们不接受表面的答案，而是深入探究问题的本质。例如，教师可能会要求学生探讨历史事件的多种解释，比较它们的合理性和证据的强度，从而培养学生从多角度和深层次理解和评价信息的能力。创造力的发展是通过激发学生的想象力和创新能力来实现的。在本真教育中，学生被鼓励采用开放式问题和项目来探索未知的领域。这些活动允许学生自由表达他们的想法，并鼓励他们超越常规思维，提出新的解决方案。例如，学生可能被要求设计一个可持续的城市模型，这不仅需要他们应用科学和技术知识，还需要其创新地解决城市规划中的实际问题，如交通拥堵和环境污染等。

在这种教学模式中，失败被视为学习过程中的一个重要组成部分。教育者鼓励学生接受试错的过程，从失败中学习并吸取教训。这种面对失败的正面态度有助于学生在探索和实验中更加自信，进一步发挥他们的创造潜力。通过整合不同学科的视角和方法，学生可以在更宽广的知识领域内进行思维训练。例如，一个结合物理、艺术和音乐的项目，可能会要求学生探讨声音的物理属性和其在音乐表达中的艺术价值。这种类型的项目不仅拓宽了学生的学术视野，也促进了其创新思维的发展。

四、增强教育的包容性和公平性

本真教育在增强教育的包容性和公平性方面展现了其深刻的研究价值，确保每个学生，无论其背景如何，都能接受到适合个别需求的教育。本真教育不仅促进了教育平等，也提升了整体的教育质量。

本真教育的一个核心原则是认识到学生需求的多样性，并为此设计具有高度包容性的教学策略。这包括对学生的文化、语言和社会经济背景的充分考虑。教育者需要对这些因素有深刻的理解，并在课程设计和教学实践中加以体现。例如，教师可以利用学生的文化背景作为课堂讨论的一部分，让学生分享他们的个人经验和观点，从而增强学生的参与感和归属感。这种方法不仅让学生感到被尊重和被接纳，还丰富了整个班级的学习经验。

本真教育强调为来自不同经济背景的学生提供平等的学习机会。这涉及提供必要的学习资源，如图书、电子设备和互联网访问条件等，以确保所有学生都能在同一起跑线上开始他们的学习旅程。课程设计中的灵活性允许教师根据学生的具体情况调整教学内容和速度，确保每名学生都能跟上进度并成功进行学习。

对于有特殊需要的学生，本真教育提供了额外的支持和资源。这包括对物理环境的调整（如无障碍设施的建设），以及对教学方法的个性化调整（如使用特殊的教学工具和技术）。例如，对于有听力障碍的学生，学校提供手语翻译服务或将课程内容转化为视觉和文字材料，以确保这些学生能有效地接受教育。本真教育还关注教育过程中潜在的偏见和刻板印象问题，鼓励教育者进行持续的自我反思和专业发展。本真教育通过培训使教师识别和克服这些偏见，以及设计反映多元文化视角的课程，努力消除教育过程中的不平等现象。

在研究价值上，本真教育给关于包容性和公平性的实践提供了一种有效的模型，用于探索如何在全球范围内推广平等和高质量的教育。这些策略和实践的成功案例可以为全球教育改革，尤其那些资源有限或多样性较强的环境提供借鉴。通过不断研究和改进，本真教育在推动全球教育公平方面扮演了重要角色，有助于实现可持续发展目标中关于教育的全球承诺。

五、促进终身学习能力的提高

本真教育强调终身学习能力的培养。这一教育理念的研究价值在于为教育体系提供面向未来的发展方向，特别适用于快速变化的全球化世界。首先，本真教育通过教授学生如何学习，强化了学习技能的重要性，包括批判性思维、问题解决能力、信息检索能力及有效的时间和资源管理方法。这些技能不仅能提升学术成就，更能转化为个人和职业生活中的实用工具。例如，有效的时间和资源管理方法可以帮助个人在职业生涯中处理复杂项目和应对紧迫期限。此外，本真教育鼓励自我驱动的学习过程，使学习成为自我激励的持续活动，这种教育模式培养了学生的内在动力，使他们在学校教育结束后能够继续学习和成长。教育者引导学生设定个人学习目标，并通过多种方式支持他们达成这些目标，如参与在线课程、研讨会或自主研究。

本真教育重视适应不断变化的技术环境，通过教授学生如何有效使用新工具和平台，为他们在变化的工作环境中保持相关性和提高效率提供支持。同时，该教育模式也强调社会互动的重要性，通过培养学生的社交技能和协作能力，促进了他们作为社会成员的角色发展。例如，通过团队项目和社区服务，学生学会了团队协作、沟通和解决冲突的技能。从研究角度看，本真教育的综合方法为探索教育创新对个人和社会的长期影响提供了宝贵平台。研究本真教育如何影响学生的终身学习轨迹和职业发展，为教育政策制定者提供支持，帮助他们制定更有效的教育战略和政策，以应对未来的社会和经济需求。

第三节　研究方法和过程

一、研究方法

本真教育发展研究是一个多维度的研究领域，涵盖了教育哲学、教育心理学、教育社会学等多个学科。研究方法需要综合运用定性和定量研究手段，以确保研究结果的科学性和严谨性。

（一）文献综述法

文献综述法是本真教育研究中的重要方法，旨在通过系统地收集、整理和分析已有的相关文献，全面了解该领域的研究现状、理论框架和研究空白点。文献综述法不仅能帮助研究者建立坚实的理论基础，还能为后续研究设计提供有力支持。

在本真教育研究中，研究者需要明确研究的核心议题，诸如本真教育的定义、历史演变、实践模式、理论基础等。确定研究主题后，研究者需要制定明确的文献搜索策略，包括确定关键词、检索数据库和选择文献类型等。常用的学术数据库有中国知网、读秀和百度学术等，这些数据库提供了大量与教育相关的文献资源。

研究者通过文献检索策略，从学术期刊、专著、会议论文、博士论文等多种来源获取文献。在文献收集过程中，研究者需要注重文献的质量和相关性，优先选择有高影响因子的学术期刊和权威著作。同时，研究者应尽量覆盖广泛的时间跨度，以便全面了解本真教育研究的历史和发展动态。在完成文献收集后，研究者需要对文献进行筛选和整理。这一过程包括初步筛选和详细阅读。在初步筛选中，研究者通过阅读文献的标题、摘要和关键词，初步判断文献的相关性和重要性。对于筛选出的高质量文献，研究者需要进行详细阅读，深入理解文献的研究问题、方法、结论和局限性。在此过程中，研究者可以使用文献管理软件对文献进行分类和标注，以便于后续的分析和引用。

研究者通过批判性阅读和分析文献，提炼出各文献的核心观点、研究方法和结论。在分析过程中，研究者需要关注文献之间的异同点，探讨不同研究之间的关联性和互补性。特别是需要识别和总结本真教育研究中的共识和争议点，揭示研究中的热点问题和理论争议。研究者应关注文献中的研究空白和不足之处，为后续研究提供新的切入点。

在文献综述的写作过程中，研究者需要结构清晰地呈现分析结果。通常，文献综述包括以下几个部分：引言、主题回顾、方法论综述、研究结论和讨论。在引言部分，研究者需要简要介绍研究背景和目的，明确文献综述的研究问题。在主题回顾部分，研究者需要详细阐述本真教育研究的主要理论和实践发展，包括重要的研究成果和理论框架。在方法论综述部分，研究者需要分析和比较不同研究所采用的方法和技术，探讨其优缺点和适用性。在研究结论部分，研究者需要总结文献中的主要发现，揭示本真教育研究中的共识和争议点。在讨论部分，研究者需要反思文献综述的局限性，并提出未来研究的方向和建议。

文献综述法不仅是本真教育研究的基础方法，还是推动该领域不断发展的重要手段。通过系统地整理和分析已有文献，研究者可以全面了解研究现状，发现新的研究问题，进行有针对性的研究设计，从而推动本真教育理论和实践的创新与发展。

（二）质性研究法

质性研究法在本真教育研究中具有重要的地位和价值。它注重对教育现象的深度理解和解释，通过收集和分析非数值数据，揭示教育过程中复杂的情境和细微的变化。质性研究法主要包括深度访谈、参与观察和个案研究。这些方法各具特色，能够提供丰富的、具体的教育情境信息。

深度访谈是一种通过与教育实践者、学生、家长等相关人员进行深入对话，获取他们对本真教育的理解和体验的研究方法。这种方法强调参与者的主观经验和感受，通过开放性的问题，引导访谈对象自由表达他们的看法和经历。在中国，研究者可以通过对一线教师、学生和家长进行访谈，了解他们对本真教育的具体认知和实际感受。例如，研究者可以访谈一名在农村地区任教的教师，探讨他在教学过程中如何应用本真教育理念，面临哪些挑战以及获得了怎样的成效。这种方法不仅能获取丰富的第一手资料，还能深入了解教育实践中的具体细节和复杂性。

参与观察是一种研究者亲身参与到教育实践中，通过观察和记录教育活动中的行为和互动情况，深入了解教育过程中的细节的方法。研究者作为观察者，能够直接感知教育现场的动态，记录下教师与学生之间的互动情况、课堂氛围以及教育活动的实施过程。在中国的教育研究中，研究者可以选择某一所学校，长期参与并观察其日常教育活动。例如，研究者可以参与一所小学的日常教学活动，观察教师如何在课堂上应用本真教育理念，与学生互动的具体方式，以及学生在这种教育模式下的反应和变化。通过这种方法，研究者可以获取生动、具体的教育现场数据，深入理解本真教育在实际操作中的具体表现和效果。

个案研究是一种选择具有代表性的教育案例进行深入分析，以揭示本真教育在具体情境中的运作机制和效果的方法。个案研究通常选取具有典型性或特殊性的案例，通过详细描述和分析，揭示教育现象的深层次规律和机制。在中国，研究者可以选择一所应用本真教育理念并取得显著成效的学校作为案例的研究对象。例如，研究者可以选择一所成功实施本真教育的实验学校，深入分析该校的教育理念、教学方法、师生互动和学生发展情况。通过这种方法，研究者不仅能详细了解本真教育在具体学校中的实施情况，还能总结出可供借鉴的成功经验和实践模式，为其他学校提供参考和指导。

质性研究法在本真教育研究中具有独特的优势。首先，它能够深入挖掘教育现象的内在本质和复杂性，通过多样化的数据收集方式，获取丰富的、细致的教育情境信息。其次，质性研究强调参与者的主观体验和多样性，能够全面反映教育实践中的不同声音和观点。最后，质性研究注重教育过程的动态性和情境性，能够揭示教育活动中的细微变化和具体实施过程。然而，质性研究法也存在一些挑战和局限。首先，质性研究的数据收集和分析过程复杂，要求研究者具备较高的研究能力和敏锐的观察力。其次，质性研究的样本量相对较少，研究结果的普遍性和可推广性较弱。最后，质性研究强调研究者的主观判断，容易受到研究者个人偏见的影响。

（三）量化研究法

量化研究法在本真教育研究中具有重要意义，通过统计分析揭示教育现象的普遍规律和趋势。问卷调查是量化研究中常用的方法之一，研究者设计结构化问卷，对大量样本进行调查，收集有关本真教育的定量数据。运用这种方法能够在较短时间内获取大规模数据，为研究提供广泛的实证支持。例如，在中国，研究者可以设计问卷，调查学生对本真教育理念的认知程度和态度。具体可以通过随机抽样选取全国各地的中小学学生，进行大规模问卷调查。通过统计分析，研究者可以揭示学生对本真教育的普遍看法、不同地区和学校之间的差异，以及影响学生态度的主要因素。问卷调查不仅能提供丰富的定量数据，还能通过数据分析得出有统计学意义的结论，为教育政策制定和实践提供科学依据。

实验研究是另一种重要的量化研究方法，通过实验设计控制变量，检验特定教育干预对学生发展和教育效果的影响。在本真教育研究中，研究者可以通过设计对照实验，比较不同教育干预对学生学习效果的影响。例如，在中国的一所实验小学，研究者可以选取两个相似班级，一个班级采用传统教学方法，另一个班级实施本真教育理念。通过对比两个班级的学生在学业成绩、学习动机和自我效能感等方面的表现，研究者可以分析本真教育的具体效果和优势。实验研究通过严格控制变量，确保结果的科学性和可靠性，为验证教育理论和优化教育实践提供有力支持。

大数据分析在现代教育研究中越来越受到重视，可通过利用教育大数据进行数据挖掘和统计分析，探索本真教育与学生发展之间的关系。在中国，随着信息技术的发展，教育大数据的积累为量化研究提供了新的可能性。例如，研究者可以利用全国学生学籍管理系统、考试成绩数据库和在线学习平台的数据，分析本真教育理念在不同地区、学校和年级中的实施效果。通过大数据分析，研究者可以揭示教育政策和实践对学生学业成绩、心理健康和综合素质发展的影响，发现教育系统中的共性问题和特殊现象。大数据分析不仅能够处理大规模、复杂的数据，还能通过机器学习和人工智能技术，预测和评估教育改革的潜在效果，为教育决策提供具有前瞻性的支持。

（四）混合研究法

在实践中，混合研究法通过不同方法的互补和交叉验证，提高研究结果的可信度和全面性。例如，在中国的本真教育研究中，研究者可以在进行大规模问卷调查的基础上，结合深度访谈获取更多背景信息。问卷调查能够提供广泛的定量数据，揭示学生、教师和家长对本真教育的普遍看法和态度。而深度访谈通过与参与者的深入对话，获取他们的具体体验和个性化观点，补充和解释问卷调查的数据结果。这种方法能够突破单一研究方法的局限性，使研究更加全面和立体。

在具体的研究案例中，混合研究法的应用可以进一步丰富对教育现象的理解。研究者可以选取某一所采用本真教育理念的实验学校，如本书以东莞市高埗西联小学为研究基础，首先，通过问卷调查收集全校学生对本真教育的态度和学习效果的定量数据。问卷调查结果可以揭示学生对本真教育的总体认知和接受度，以及不同年级和班级之间的差异。其次，研究者可以选取部分学生和教师进行深度访谈，深入探讨他们在本真教育实践中的具体感受和意见。通过访谈，研究者可以了解学生和教师在日常教学中的实际体验、遇到的挑战和对本真教育理念的具体理解。这种结合质性和量化研究的方法，不仅能够提供宏观的数据支持，还能深入挖掘教育实践中的微观细节和个体差异，为全面理解本真教育的实施效果提供丰富的信息。

大数据分析与个案研究的结合也是混合研究法的典型应用之一。在中国，研究者可以利用教育大数据进行宏观分析。例如，通过分析全国范围内的学生成绩数据、教育资源配置和教学质量评估，揭示本真教育在不同地区和学校的普遍规律和趋势。然而，大数据分析的结果往往具有宏观性和概括性，难以深入理解具体的教育情境和个体体验。因此，研究者可以选择若干具有代表性的学校或班级，进行个案研究，深入分析这些具体案例中的教育实践和学生发展情况。通过对个案的详细描述和分析，研究者可以验证和补充大数据分析的结果，揭示本真教育在具体情境中的运作机制和实际效果。例如，在大数据分析中发现某一地区的本真教育实施效果显著，研究者可以深入该地区的典型学校，通过课堂观察、教师访谈和学生跟踪，详细记录和分析本真教育的具体实施过程和教育成果。这种结合质性和量化方法的混合研究，不仅能够提供全面的研究视角，还能为教育决策和实践提供有力的实证支持。

（五）行动研究法

行动研究法强调研究者与教育实践者之间的密切合作，通过参与、观察和反思，持续改进教育实践。这种方法特别适合本真教育的创新和改革研究，因为它不仅关注理论验证，还重视将研究结果直接应用于实践。行动研究法的核心在于循环的行动和反思过程，通过反复的实践和反馈，不断优化教育方法和策略。

在中国的教育背景下，行动研究法的应用可以通过具体的学校改革项目来体现。例如，一所中学决定引入本真教育理念以改善学生的学习体验和提高其学业成绩。研究者与该校的教师团队合作，共同设计和实施一系列教育创新措施。首先，研究者和教师一起确定研究的问题和目标，如提高学生的自主学习能力和增强课堂互动。他们设计并实施具体的教学策略，如引入探究式学习、开展项目化教学和调整课堂管理方式。其次，研究者在这一过程中不仅观察和记录教学活动，还亲自参与到课堂中，与教师和学生进行互动，获取第一手的实践数据。

在实施这些教学策略后，研究者和教师团队会定期召开反思会议，评估改革措施的效果，讨论遇到的问题和挑战。例如，某些探究式学习活动是否达到了预期的教育目标，学生在项目化教学中的参与度和成果如何，等等。通过这些反思会议，教师可以分享他们的实践经验和反馈，研究者则提供理论支持和数据分析，帮助团队全面了解改革的进展情况。这样的反思不仅有助于形成有效的教学方法，也能及时调整和改进不适

合的策略，从而形成一个不断优化的教育实践循环。

二、研究过程

本真教育发展研究是一个系统性、综合性的过程，旨在深入探讨和优化教育实践。这个过程通常包括几个关键阶段：确定研究问题、文献综述、研究设计、数据收集、数据分析和结果应用。以下是对每个阶段的详细讲解。

（一）确定研究问题

研究过程的第一步是确定研究问题和目标。在本真教育研究中，研究者通常从实践中发现问题，例如学生自主学习能力不足、课堂互动效果不佳等。研究者需要对这些问题进行初步探讨，并与教育实践者（如教师、学校管理者等）共同商议，明确研究的具体目标。这一阶段的关键在于找准研究切入点，使研究具有现实意义和应用价值。

（二）文献综述

在确定研究问题后，研究者进行系统的文献综述，以了解该领域的现有研究成果和理论基础。通过收集和分析相关文献，研究者可以掌握本真教育的发展脉络、核心理论和实践案例。文献综述不仅有助于建立研究的理论框架，还能帮助识别研究空白和不足之处，从而为后续研究提供方向和依据。在这个阶段，研究者需要使用专业的文献检索工具和数据库，确保所收集文献的权威性和全面性。

（三）研究设计

研究设计是整个研究过程的核心环节，决定了研究的具体方法和步骤。在本真教育研究中，研究者通常采用混合研究方法，综合质性和量化研究的优势。研究设计包括选择研究方法（如问卷调查、深度访谈、实验研究等）、确定样本（如学生、教师、学校等）、制定数据收集工具

（如问卷、访谈提纲、观察记录表等）和确定数据分析方法（如统计分析、内容分析等）。研究设计应详细、具体，并且具有可操作性，以确保研究过程的顺利实施和研究结果的可靠性。

（四）数据收集

在确定研究设计后，研究者开始进行数据收集。这一阶段的关键在于严格按照研究设计实施数据收集过程，确保数据的准确性和完整性。在量化研究中，研究者通过问卷调查、考试成绩等手段收集定量数据；在质性研究中，研究者通过深度访谈、课堂观察等方式收集定性数据。在数据收集过程中，研究者应注意保护参与者的隐私和数据的保密性，并保证数据收集工具的有效性和可靠性。

（五）数据分析

数据分析是将收集到的数据进行处理和解读，以回答研究问题。在量化研究中，研究者通常使用统计分析软件进行数据分析，包括描述性统计分析、相关分析、回归分析等。在质性研究中，研究者通过编码、主题分析等方法，对访谈记录、观察笔记等进行深入分析。数据分析的结果应清晰、准确，并能直观地反映研究问题的答案。研究者需要结合数据分析结果，对本真教育的实践效果、问题和改进建议进行全面讨论。

（六）结果应用

研究结果应用是将研究发现转化为实际教育实践和政策建议的重要环节。在本真教育研究中，研究者需要将研究结果反馈给教育实践者，并共同探讨如何在教育实践中应用研究发现。例如，根据研究结果，制定具体的教学策略、课程设计方案或教育改革措施。此外，研究者还应撰写研究报告和学术论文，向更广泛的学术界和教育界传播研究成果，推动本真教育理论和实践的发展。

第四节　研究结果

本真教育发展的研究结果和分析部分是整个研究的核心所在。通过对大量数据和实证材料的深入分析，揭示了本真教育在不同教育环境中的实施效果、存在的问题以及改进建议。研究结果显示，本真教育理念在实际教学中具有显著的积极影响，特别是在提高学生自主学习能力、激发学习兴趣和促进全面发展方面，取得了良好的效果。具体来说，学生在本真教育环境中表现出更好的学习动机和主动性，教师的教学方式也得到了有效改进，课堂氛围更加开放和具有互动性。

数据分析表明，本真教育在不同年级和学科中的应用效果存在一定差异。例如，小学阶段的学生在接受本真教育后，表现出更强的好奇心和探索精神，能够主动参与课堂讨论和项目学习。而在中学阶段，学生的自主学习能力和批判性思维得到显著提升和锻炼，学业成绩也有所改善。这些结果表明，本真教育的实施对学生的认知和非认知能力发展均有积极影响，证明了其在促进学生全面发展方面的有效性。

然而，研究中也发现了一些挑战和问题。首先，在实施本真教育的过程中，教师的角色和教学方式需要进行较大调整，这对教师的专业素养和教学技能提出了更高的要求。部分教师在改变传统教学模式时遇到了困难，缺乏足够的培训和支持。其次，本真教育的实施效果在不同地区和学校之间存在差异，这主要与学校的资源配置、教师的教学水平和学生的基础条件有关。研究表明，资源丰富、教师素质高的学校能够更好地实施本真教育，取得较为显著的教育效果。

为了解决这些问题，本真教育发展研究提出了一系列改进建议。首先，应加强教师培训和专业发展，通过系统的培训项目和实践指导，提高教师对本真教育理念和教学方法的理解和应用能力。其次，学校应提供更多的资源支持，改善教学设施和环境，为本真教育的实施创造有利条件。最后，教育管理部门应制定和完善相关政策，鼓励和支持学校开展本真教育实验和改革，推动本真教育在更大范围内的推广和应用。

第一章　本真教育理论概述

当前教育环境中存在一种趋势，即家长、教师和教育机构常常追求立竿见影的效果，这种做法违背了教育的基本原则和发展规律。例如，家长为了使子女在学业起步阶段不落后，便从幼儿园起就开始让孩子学习小学课程内容；教师和学校为了提升考试成绩和升学率，往往采用填鸭式教学，只关注智力教育，忽略学生的全面发展。这种教育方式不仅增加了家长和教师的负担，还可能使学生出现厌学情绪，不利于他们的长远发展。真正的教育应当尊重每个生命的独立性和差异性，关注学生个体的全面和谐发展。小学阶段是培养学生良好习惯、思维能力及创新能力的关键时期，教育的核心任务不仅是知识传授，更重要的是对学生的思想品德进行培养，以及塑造健康的人格。

党的十九大报告强调，教育应围绕"培养什么人、怎样培养人、为谁培养人"这一根本问题展开，将立德树人定为教育的根本任务。在这一框架下提出的"本真教育"理念要求教育活动必须遵循教育的基本规律，注重生态教育的实施，从而提升办学品质和育人质量。"本真教育"，可以促进学生在德、智、体、美、劳各方面的全面发展，实现学校教育的可持续发展。

第一节　本真教育的概念和特点

一、本真教育的概念

"本真教育"是一种教育理念，强调回归教育的本质，远离功利性，尊重儿童个性的发展，促进他们快乐、健康和全面发展。它是一种方法和文化，注重儿童自主选择和体验课程内容，从而获得适宜的成长。本真教育的核心在于为儿童提供自主发展的条件，提供丰富的资源，鼓励儿童愿学、乐学、会学、学好。

本真教育还强调关注儿童身心的成长，满足儿童体验生活的需求，以及儿童对世界的体验。它包括构建区域活动课程，让儿童在实际操作中获得体验，增加他们的游戏与闲逛时间，促进他们的身体与心灵世界的交流回响。

本真教育是一种独特的教育模式，旨在促进儿童的个性化成长，使他们成为独立、有创造力的个体。

二、本真教育的特点

本真教育是一种以人为本、强调学生内在发展和自我实现的教育理念，旨在培养学生的独立思考能力、批判性思维和创造力的教育方式。其特点如表2-1所示。

表2-1　本真教育的特点

特点	描述	实施方法	优点	应用实例
个性化学习	注重学生个性、兴趣和实际需求，定制化学习方案	了解学生兴趣，设计个性化课程内容，动态调整教学策略	提升学习动机和教育有效性，满足个性化需求	根据学生兴趣设计课程内容，如将运动、艺术或科技元素融入学习活动中
实用性与情境化	将学习与现实世界的问题结合，提高学习相关性和有效性	通过项目式学习、案例研究等方式，增强学习实用性	提高学习的现实应用价值，增强学习动机和参与度	开展社区园艺项目，通过实际操作和实验，增进学生对理论知识的理解
批判性思维与创造力培养	强调学生主动性和创新性，培养批判性思维和创造力	采用开放式问题和项目，鼓励创新思考，整合学科视角	提供有效方法和实践经验，推动教育创新	设计可持续城市模型项目，培养学生的创新能力和批判性思维
包容性与公平性	确保每个学生都能接受适合其需求的教育，促进教育平等	设计包容性教学策略，提供必要资源和支持，培训教师识别偏见	提供有效模型和实践案例，促进全球教育公平	提供无障碍设施和特殊支持，如手语翻译服务，确保公平教育
终身学习	培养自我驱动的学习过程，支持终身学习和适应变化的技术环境	教授学习策略，支持自我驱动学习，培养社交技能和技术适应能力	支持教育政策制定，探索教育创新的长期影响	设定个人学习目标，参与在线课程或研讨会，培养终身学习能力

（一）以学生为中心

本真教育的核心理念之一是以学生为中心。它强调教育必须关注学生的个人兴趣、需求和潜力，强调个性化教育。这种教育理念认为，每个学生都是独特的个体，具有不同的学习风格、兴趣爱好和发展潜力。因此，教育的设计和实施必须尊重这种独特性，而不是采取"一刀切"的模式。

在具体的教育实践中，以学生为中心意味着教师需要深入了解每个学生的背景、兴趣和学习需求。这种了解不仅限于学术能力，还包括学生的情感和社会需求。教师会根据学生的不同特点设计个性化的学习计划，选择适合他们的教学方法和资源，确保每个学生都能在自己的节奏下学习和发展。例如，对于某些对艺术感兴趣的学生，教师可能会更多地结合艺术元素进行教学，而针对对科学感兴趣的学生，教师会更多地引入科学探究和实验活动。以学生为中心的教育还鼓励学生主动参与学习过程。学生被视为学习的主动参与者，而不是被动接受知识的对象。教师会引导学生设定自己的学习目标，参与课程设计，并在学习过程中不断反思和调整自己的学习方法。这种参与感不仅提高了学生的学习兴趣和动力，也培养了他们的自主学习能力和责任感。

在以学生为中心的教育环境中，教师的角色也发生了转变。教师不再是知识的权威传授者，而是学生学习的支持者和引导者。他们需要具备敏锐的观察力和深刻的理解力，能够及时识别和回应学生的需求，提供必要的支持和资源，帮助学生克服学习中的困难。

（二）注重过程而非结果

注重学习过程而非单纯的结果这一理念与以学生为中心的教育理念密切相关。通过关注学习过程中的体验和成长，本真教育强调学生在学习中的情感和心理发展，这超越了传统教育对成绩和考试分数的过度关注。

在本真教育的框架下，教育者更加重视学生在学习过程中的积极参与和互动。教师不仅关注学生的知识掌握情况，更关注他们在学习过程中的情感体验和心理状态。例如，当学生面对困难和挑战时，教育者会提供情感上的支持和指导，帮助学生建立信心和采取应对策略，而不仅仅是注重最终的成绩。这种关注过程的方式能够培养学生的韧性和自我效能感，使他们在未来的学习和生活中更加从容地应对各种挑战。

本真教育强调反思和自我评估的重要性。学生在学习过程中不断反思自己的学习方法和进展，教师则通过反馈和指导，帮助学生进行深入理解和改进。这种反思性的学习过程不仅有助于学生更好地掌握知识，还能培养他们的批判性思维和自我调节能力。通过这种方式，学生能够更加自主地管理自己的学习过程，逐步成为独立的学习者。

注重学习过程还意味着教育者需要设计丰富多样的学习活动，提供实践和体验的机会，使学生能够在真实情境中应用所学知识。例如，项目式学习、合作学习和探究式学习等教学方法都是本真教育中常见的实践方式。这些方法不仅促进了学生的知识建构和技能发展，还增强了他们的合作能力和社会责任感。

（三）追求全面发展

本真教育的一个核心特点是追求全面发展，强调学生在智力、情感、社会性和道德等多个方面的全面成长。这一教育理念超越了传统的知识传授模式，旨在培养学生的综合素质，使他们成为具有健全人格和多元能力的个体。

在智力发展方面，本真教育不仅关注学术知识的掌握，还强调批判性思维、创造力和问题解决能力的培养。教育者通过多样化的教学方法，如项目式学习、探究式学习和跨学科活动，激发学生的好奇心和求知欲。学生在自主探索和合作学习中，不仅深化了对知识的理解，还发展了逻辑思维和创新能力。

　　情感发展是全面发展的重要组成部分。本真教育注重学生的情感认知和管理能力。情感教育课程和实践活动，帮助学生识别和表达情感，学会调节情绪。教育者鼓励学生在学习和生活中体验多种情感，通过文学、艺术和戏剧等形式，丰富他们的情感体验，培养其同理心和情感共鸣能力。

　　教育者通过小组合作、社团活动和社区服务，培养学生的沟通技巧、团队合作精神和社会责任感。学生在这些活动中学会与他人合作，共同解决问题，理解和尊重学习的多样性。这些社会性技能不仅有助于维护他们在学校中的人际关系，还为他们未来的社会生活打下坚实基础。教育者通过道德教育课程和实践活动，引导学生理解和内化社会的道德规范和价值观。通过讨论道德困境、参与公益活动和反思个人行为，学生逐步形成正确的价值观和行为准则。他们不仅学会了分辨是非，还培养了责任感和社会正义感。

　　本真教育注重培养学生的价值观和态度。教育者通过营造积极向上的学习环境和校园文化，传递正面的价值观和态度。学生在这种氛围中，逐渐形成积极乐观的心态、自信心和责任感。他们学会了如何面对挑战和挫折，发展出坚韧不拔的精神和良好的适应能力。

（四）合作沟通

　　本真教育中的一个显著特点是对合作和沟通能力的高度重视。这种教育理念认为，学生不仅需要掌握学科知识，更需要在互动和合作中发展团队合作精神和人际交往能力。这一特点体现在教学设计、课堂互动、课外活动等多个方面，旨在培养学生在社会中有效沟通和合作的能力。

　　在课堂教学中，教育者通过各种合作学习模式来促进学生之间的互动和沟通。小组讨论、项目合作、角色扮演等教学方法被广泛应用，使学生在共同完成任务的过程中学会相互协作和交流。通过这些活动，学生不仅能够分享知识和观点，还能从他人那里获得新的启发和见解。在

解决问题的过程中，他们学会了如何分工合作、资源共享，逐渐培养出团队合作精神。这种合作学习不仅提高了学业成绩，还增强了学生的自信心和责任感，使他们能够更好地适应未来的团队工作环境。

教育者通过有意识地设计各种沟通活动，帮助学生提高口头表达和书面表达能力。在课堂上，教师鼓励学生积极参与讨论，表达自己的观点和意见，并学会倾听他人的意见。在这样的互动过程中，学生不仅能锻炼口才，还能培养批判性思维和解决冲突的能力。教师还应注重引导学生进行有效的反馈，使他们学会如何建设性地提出意见和建议，如何接受他人的反馈并改进自己的工作。

学生在参与各种社团和社区活动中，与具有不同背景和兴趣的同伴合作，共同策划和实施活动。这不仅增强了他们的组织和协调能力，还使其在实践中体验到合作的力量和价值。此外，通过这些活动，学生能够建立广泛的人际关系网，提升社会交往能力，为未来的职业生涯和社会生活奠定坚实基础。本真教育还强调通过跨学科合作来培养学生的综合能力。在跨学科项目中，学生需要与来自不同学科背景的同学合作，整合不同领域的知识和技能，共同完成复杂的任务。这不仅拓宽了学生的知识面，还培养了他们的跨学科思维和创新能力。教育者在这一过程中扮演着引导者和支持者的角色，帮助学生应对合作中的挑战，发展出更为成熟的合作和沟通技巧。

第二节 本真教育的内涵

本真教育作为一种教育理念，强调回归教育的本质和根本，主张立德树人，以学生的全面发展为核心。

一、哲学基础：本真的含义

本真一词蕴含着对事物本质的追求与重视，其根源可追溯至《论语》中孔子所言的"务本"，即强调专注于事物的根本。这一哲学思想在教育领域的运用，便是将教育回归到其最根本的目的——立德树人。这不仅仅是对学生知识技能的培养，更是对其道德情操和全面人格的塑造。

本真教育着眼于学生的全面发展，不将教育局限于传授知识或技能训练，而是注重学生内在潜能和品德的培养。这种教育模式认为每个学生都是独特的个体，具有不同的性格、兴趣和潜力。教育的目标应当是帮助他们发掘并实现这些潜能，而非简单地将他们塑造成应试教育的产物。在这种观念指导下，教育活动不再是单向的知识灌输，而是一个双向的、互动的过程，教师与学生共同参与，真正做到因材施教。

本真教育强调对真实性和本质性的追求。在这一框架下，教育不仅仅是学习知识的过程，更是个体自我发现、自我实现的过程。教育应当是引导学生探索真理、认识世界的方式，帮助他们建立起正确的世界观、人生观和价值观。这种教育方式鼓励学生进行批判性思考，培养他们的独立思考能力，使其能够在未来的生活中做出明智的决策，成为有责任感和有能力的公民。

本真教育还体现了一种对学生人格尊重的教育态度，认为教育应当尊重他们的主体地位，鼓励其表达自己的想法和意见，充分发挥学生的主动性和创造性。教师的角色由传统的权威导师转变为学生学习旅程中的陪伴者和引导者。这种教育环境有利于学生自信心和独立性的培养，让学生在学习过程中感受到被重视和被理解，从而更加积极地参与到学习中，实现自我超越。

二、教育目标：全人教育

本真教育的核心目标在于实施全人教育，这一概念涵盖了对学生道德、智力、体质和美感等多方面能力的培养。全人教育的目标不仅仅是传授知识，更重要的是培养学生成为道德上有责任感、智力上具备独立思考能力、身体上健康活跃、审美上有感受能力的完整个体。

本真教育认为，没有道德的教育是不完整的教育。道德教育的目的在于培养学生的责任感、公正感、同情心等基本道德素质，使其成为能够为社会作出贡献的公民。这种教育不仅仅在于讲授道德规范，更重要的是通过日常的教学活动，如团队合作、社区服务等，让学生在实践中学习如何做出道德判断和如何行为。本真教育鼓励学生发展批判性思维和解决问题的能力，而不仅仅是记忆和重复知识。智力教育应当注重激发学生的好奇心和探索欲，提供多样化的学习材料和富有挑战性的问题，帮助学生形成独立思考的习惯和能力。此外，智力教育还包括对学生创造力的培养，在教育过程中应鼓励学生进行创新思维的训练和艺术创作活动。

健康的身体是有效学习和生活的基础。本真教育通过体育活动和体育教学，强调学生身体素质的提高和健康习惯的养成。体育教育不仅仅是提高学生的体能，更是通过体育竞技和团队运动，培养学生的团队协作能力和竞争意识。本真教育认为，美感教育能够丰富学生的情感世界，提升其审美能力和人文素养。通过音乐、美术、文学等多种形式的艺术教育，学生不仅可以提升自己的艺术技能，更重要的是通过艺术体验来提高自己的情感表达能力和创造力。

三、教育方法：以学生为中心

本真教育在教学方法上强调以学生为中心的教育模式。这种方法是对传统教师主导的教学方式的根本转变，主张教育应以符合学生的需求、兴趣和潜力为核心。在本真教育中，教师的角色转变为学习的引导者和促进者，而学生的角色是学习过程的主体和创造者。

教育不再是固定不变的课程和标准化的教学计划的简单执行，而是根据学生的个体差异、兴趣和发展阶段进行设计和调整。这种方法要求教师具备高度的敏感性和反应能力，能够根据学生在学习过程中的表现和反馈，实时调整教学策略和内容，确保教学活动能够最大限度地激发学生的兴趣和参与性。

学生被鼓励根据自己的兴趣和学习目标选择学习的路径和方式，教师则通过提供资源、设计活动和提出挑战来支持学生的选择。这种学习方式倾向于采用项目式学习、问题解决学习和探究式学习等模式，学生在这些过程中不仅可以学习到知识，更重要的是学会了如何学习、如何与他人合作、如何独立解决问题。

在教学互动中，教师作为引导者和促进者，更多地通过提问、引导讨论和激发反思来促进学生的思考和学习，而不是单向地传授知识。这种互动方式有助于激发学生的学习动机和探索欲望，使他们能够在自主和合作的学习环境中不断成长。教师在这一过程中尊重学生的自主性和创造性，为他们提供实验和创新的空间，允许其在学习过程中犯错并从中取得进步。在本真教育中，评估方式更加多样化和个性化，不仅关注学生的知识掌握程度，更关注学生的思维过程、创造力发展和个人成长。这种评估方式强调形成性评价，即通过持续的反馈和调整帮助学生认识到自己的进步和不足，而不是仅仅通过终结性的考试来评价学生的学习成果。

四、教育环境：生命活力的课堂

本真教育强调创造一个充满生命活力的教育环境。这种环境超越了传统课堂的界限，拥抱更为广阔和多元的学习空间。在本真教育的理念

下，教育环境不仅仅是物理空间的布置，更是一种包含情感、文化和社交元素的综合体，旨在激发学生的学习潜力，促进其全面发展。

充满生命活力的教育环境要求教育活动不局限于四堵墙内，而是融入自然和社会环境。户外教学、实地考察等活动能够将学生带到真实的学习场景中，让他们亲身体验和观察学习对象，这种直接的经验能够极大地提高学习的实际意义和效果。例如，生物学的学习可以在自然保护区中进行，历史课可以在历史遗址上进行，这样的学习不仅增强了学习的趣味性，也加深了学生对知识的理解和记忆。一个充满生命活力的教育环境应当鼓励创造力和探索精神的表现。这意味着教育设施和资源的配置应支持学生的实验和创造活动。科学实验室、艺术工作室、技术创新中心等都是此类环境的重要组成部分。在这些环境中，学生可以自由地尝试，通过动手操作来学习和探索，这种过程能够有效地促进学生的问题解决能力和创新思维的发展。

一个充满支持和尊重的学习环境能够使学生感到安全和被鼓励，这对于他们的情感和社会能力的发展非常关键。教师和同学之间的积极互动、学校的文化活动、对多样性和包容性的强调都是营造这种氛围的重要方面。学生在这样的环境中更容易表现出自己的独特性，也更愿意接受挑战和尝试新事物。

五、教育效果：个性与潜能的发展

本真教育的核心在于促进每个学生的个性和潜能的发展，这种教育模式深刻理解并重视个体差异的重要性，强调教育应当尊重并适应每个学生的独特性。这种教育观念改变了在传统教育模式中对标准化和一致性的追求，转而专注于满足每个学生的具体需求，帮助他们发现自我，挖掘并发展个人的独特才能和兴趣。

本真教育通过多种教学策略和方法，使教育过程变得更加个性化和灵活。教师在这一教育模式中扮演着关键的角色，他们不仅是知识的传授者，更是学生个性发展的引导者和支持者。教师通过细致观察学生的行为和反应，了解他们的兴趣和需求，据此设计教学活动，确保教育内容与学生的实际情况相匹配。这种对学生独特性的尊重和支持，使其能够在一个鼓励探索和尊重差异的环境中成长。

在这样的教育模式下，学生能够更好地了解和掌握学习的规律。这不仅仅是学习知识的过程，更是自我发现和能力提升的过程。本真教育强调自主学习和批判性思维的培养，鼓励学生根据自己的兴趣进行探索，通过解决实际问题来学习和应用知识。这种教育方式激发了学生的内在动力，使他们不仅仅为了应对考试而学习，而是为了满足自己的好奇心和探索欲而学习。本真教育还意识到，为了促进学生的全面发展，教育不能仅限于学术知识的学习。因此，它包含了对学生情感、社交和道德发展的同等重视。通过参与团队项目、社区服务和其他社交活动，学生不仅学习如何与人合作和沟通，更可以在实际中学习如何成为一个负责任和有同情心的人。这样的经历对学生个性的成熟和情感的健康发展至关重要。

第三节　本真教育的外延

本真教育追求"本真至善，立己达人"的教育理想，强调"立足本质，探求真理"教育内在体系的建立，将"真知、真用、真人、真情"

的真人培养作为教育目标。① 因此其教育思想是一种自然教育、生命教育、生本教育、可持续发展教育的综合教育思想。

一、本真至善

本真教育中的"本真至善"概念源于传统的儒家思想，特别是《礼记·大学》中提到的"止于至善"。这一理念强调通过教育引导人达到其道德和精神的最高境界，即追求一种崇高的善，这种善是人的本性和最终的美德目标。本真至善不仅关注个体的道德修养，更涵盖了通过教育实现个体与社会的和谐。

在本真教育中，至善是教育的根本目标，体现了教育应致力于促进人的全面发展，尤其道德层面的成长。这种教育观念认为，每个人都具有达到道德完善的潜力，教育的任务是激发和引导这一潜力，帮助学生实现其内在的善的本性。教育不仅是传授知识和技能，更重要的是塑造人的品德，使之能够在社会中发挥积极的作用，实现自我与社会的和谐统一。

本真至善的教育方法强调从学生的本性出发，尊重和响应每个学生的个性和需求。这种方法认为教育应当是一个自然而然的引导过程。通过这个过程，学生能够在探索知识的同时发现自我，实现自身的道德成长。在这一教育模式下，教师的角色是引导者和伙伴，而不仅是权威的知识传递者。教师通过实例教学、情景模拟等方式，使学生在现实生活的情景中学会如何应用道德原则，如何处理复杂的道德问题。

本真至善也强调美的教育，认为美与善是相辅相成的。通过欣赏和创造美，学生能够培养审美能力和道德感受力，这对于道德的培养是极为重要的。美的体验可以激发人的善的感受，帮助学生理解和欣赏道德

---

① 薛萍，杭元康. 小学本真教育校本化探索与实践 [M]. 重庆：重庆大学出版社，2020：3.

行为背后的深层价值。在这一过程中，艺术教育成为重要的一环，因为艺术是感受和表达人类情感和道德观念的重要方式。本真教育的至善观念还包括对社会责任的强调。教育应培养学生的社会责任感，使他们不仅关注个人的成长和成功，更关注如何为社会作出贡献。这种责任感的培养是通过团队合作、社区服务和公民教育等实际活动实现的，使学生在参与中学习如何作为社会成员并负起责任，如何在现实世界中实践至善的原则。

二、立己达人

本真教育中的"立己达人"概念深植于中国传统文化的丰富土壤之中，其根基在于儒家思想的核心价值观——仁爱和人格的完善。在《论语·雍也》中，孔子提出，"夫仁者，己欲立而立人，己欲达而达人"。这不仅仅是对个人修养的呼唤，更是一种社会和谐与共进的理念。本真教育把这一点视为其教育实践的核心，致力于培养学生的自我修养与社会责任感，使之成为既有独立人格又能为社会作出贡献的人。

"立己"在本真教育中是基础，指的是个体首先必须确立自己的品德和学习目标。这不仅仅涉及知识的学习，更关键的是品德的培养。教育不只是知识的传授，更是价值观的塑造过程。在这一过程中，教师的角色是至关重要的，他们不仅是知识的传递者，更是价值观的示范者。教育的场景也不应局限于教室，而应扩展到社区、家庭乃至整个社会，每个环节都是塑造学生品德的机会。通过这种全方位的教育方式，学生可以在不同的社会情境中学习如何做人，如何以诚信、责任、勇气和同情等核心价值观来指导自己的行为。

"达人"则是"立己"的自然延伸，强调的是在取得个人成就后，还需要将这种成就转化为对社会的贡献。这不仅是物质层面的回馈，更是精神和文化层面的贡献。在本真教育中，达人意味着教育的最终目的不

仅是培养成功的个体，而且是培养能够推动社会进步的公民。这需要教育者在教育过程中不断强调团队合作的重要性，培养学生的同理心和社会责任感，使他们能够理解并关心他人的需求和感受。

在实践中，"立己达人"的教育理念要求教育者创造多样化的学习环境，让学生在真实的社会环境中学习和实践。例如，通过社区服务学习项目，学生不仅可以学习到如何为社区服务，更可以学习到如何与具有不同背景的人沟通交流，如何解决实际问题。这些经验不仅仅增强了学生的实际操作能力，更重要的是培养了他们的社会责任感和公民意识。本真教育通过"立己"和"达人"的教育目标，致力于促进学生的全面发展。这不仅包括智力的发展，更重要的是道德和情感的成长。教育的成功不仅仅体现在学生的学术成就上，更体现在他们作为一个有责任感和有能力的社会成员上。这种教育理念强调，教育的真正价值在于能够培养出既有能力实现个人梦想又能对社会有贡献的人。这样的教育模式强调了个体与社会的和谐，推动了一个更加和谐与可持续发展的社会环境的形成。

三、立足本质

本真教育中的"立足本质"是其核心理念之一，强调教育应深入学生的本性和天赋，同时秉持立德树人的根本任务，从而实现学生全面和谐的发展。这一理念的出发点是对学生个性和潜能的深刻理解与尊重，以及教育活动应服务于学生真实需求的认识。

"立足本质"首先意味着教育应关注学生的内在天性和个性。每个学生都具有独特的个性和潜能，教育的任务是发现和挖掘这些潜能，而不是将学生简单地塑造成某一统一模式。在这种教育观念下，教师的角色转变为观察者、引导者和支持者。他们通过观察学生的行为和反应，理解其兴趣和需求，并据此设计符合学生天性的教学活动。

在实施过程中，立足本质的教育重视建立以学生为本的课程体系。这意味着课程设计应围绕学生的实际生活和经验展开，使学习内容与学生的日常生活紧密相关，增强学习的实用性和意义。例如，通过项目式学习方法，学生可以在解决实际问题的过程中学习相关知识。这种学习方法能够激发学生的学习兴趣和动力，使学习过程成为一种自我发现和实现的过程。

立足本质还强调校本化的课程与教学实践。校本化教育是指根据学校所在社区的具体情况和学生的实际需要，自主开发和实施课程。这种做法能够使教育更加贴合学生的背景和环境，使教学内容也更加生动实际，更容易被他们接受。通过校本化教学，学校能够根据学生的反馈和教学效果不断调整教学策略，使教学活动更有效率和针对性。

在推进学生全面发展的目标上，立足本质的教育不仅关注学生的知识和技能培养，更重视学生情感、道德和社会能力的发展。通过各种教育活动，如小组讨论、社区服务、艺术创作等，学生可以在多种社会情境中学习如何合作与交流，培养责任感和同理心。这种全方位的发展是立足本质教育而努力达到的教育目标，旨在培养学生成为不仅学业优秀而且品德高尚、情感丰富、具有社会责任感的人。

四、探求真理

在本真教育中，探求真理不仅是一种对知识的追求，更是一种对人的本质和生命意义深入探索的过程。这一教育理念强调教育的根本目的是促进学生的全面发展，帮助他们成为具备优良品质的真正的人。探求真理涉及对学生需求的理解、对做人优良品质的探讨，以及对人内在真智、真情、真品的深入挖掘。

探求真理首先要求教育者深刻理解学生的真实需求。这不仅仅是对学生学术上需求的满足，更包括对其情感、心理和精神需求的关注。教

育者需要通过与学生的日常互动、观察学生的行为表现、倾听学生的声音，把握学生的个性和需求。在这一过程中，教育者应当把学生视为独立的个体，尊重其独特性和选择，提供一个充满支持和鼓励的环境，使学生能在自我探索和自我实现的道路上不断前行。探求真理还涉及对做人优良品质的内涵的深入探讨。这些品质包括诚实、责任感、同情心、正义感等，是人类社会长期形成共识的美德。在教育过程中，通过文学作品的学习、历史事件的分析、哲学问题的讨论等方式，教育者不仅传授知识，更引导学生思考什么是好的、正确的、值得追求的。这种探讨不是抽象的道德讲授，而是通过具体情境让学生亲身体验和思考，从而使其内化为自己的品质。

探求真理还意味着对人的内在世界的深挖，即真智、真情、真品的培养。真智是指深刻的智慧，不仅是丰富的知识和敏锐的思维，更包括对世界和生命的深刻理解。真情是指真挚的情感和对美好的感受能力，是人与人之间真诚交往的基础。真品是指高尚的品德，是个人在社会中立身处世的准则。在本真教育中，通过多样化的教学方法和丰富的社会实践，学生得以在真实的社会环境中学习和实践，逐渐形成和完善自己的真智、真情和真品。

探求真理也是对教育本身法则的深入理解。如老子所说，"道生一，一生二，二生三，三生万物"。教育也应遵循一定的自然法则，即从简单到复杂，从具体到抽象，逐步引导学生理解复杂的世界。在这一过程中，教育者应当充分利用教育的力量，不断调整和优化教育策略，使之更符合学生的发展规律，更好地服务于学生的成长和发展。

通过上述探索和实践，探求真理在本真教育中成为一种全面的教育追求，不仅关注学生的知识学习，更重视其品质的养成和个性的发展。这种教育理念认为，真正的教育应当帮助学生探索和实现自我，成为真正意义上的"人"，在真理的引导下，不断前行。

第四节　本真教育的实践思考

本真教育作为一种综合的教育实践，核心目标在于促进学生的全面发展，并通过一系列创新的教学活动和策略，实现教育的本质价值。在这个过程中，需要特别关注三个实践领域：本真课程体系的建设、本真学习实践活动的开展，以及本真教师素质的全面提升。这些实践的目的在于通过教育活动的实际操作来检验和实现教育的根本目的，即培养学生成为真正的人，具备优良的品质和能力。

本真课程体系的建设是本真教育实践的基础。课程体系不仅需要反映教育的最新理论，还应紧密结合学校的教育理念和学生的实际需求。课程设计始终围绕"立本求真，日进日新"的理念展开，确立了以学生为中心的教育模式，强调课程的实用性和启发性。在具体实施中采取了"一核、两规、三全"的策略，即以核心素养为中心，遵循教育规律和整体规划的原则，实现全科育人、全程育人和全员育人的目标。此外，课程体系还包括了国家基础课程和学校特色课程的整合，使学生在学习基础知识的同时，也能够获得个性化和创新的教育体验。

本真学习实践活动的开展是本真教育理念的具体体现。传统的孝敬教育虽然强调尊老爱亲的重要性，但在实际操作中往往忽视了亲子间的情感交流和真正的理解。因此创新地引入了互动型孝敬教育，通过开设专门的孝敬教育课程和多种互动平台，如家长学校、亲子工作坊等，促进了学校、家庭和学生三方的认知提升和情感交流。这种教育方式不仅使孝敬教育更加人性化，更使孝敬的行为和情感得到了深入的理解和实

践，有效地提升了学生的道德情感和家庭责任感。

教师素质的全面提升也是本真教育成功的关键。强调教师不仅要有扎实的学科知识，更要有高尚的教育情怀和先进的教育观念。因此应通过多种形式的教师培训和实践活动，如研讨会、工作坊、教学观摩等，持续提升教师的专业能力和教育理念。同时，我们还倡导教师在教学过程中实施"寻本求真"的教学模式，培养学生的创新精神和实践能力，使教师真正成为学生健康成长的引导者和助手。

本真教育的实践是一个系统的、多维的教育过程，涵盖了课程建设、学习实践和教师发展等多个方面。通过这些具体的实践活动，不仅能够验证教育理论的有效性，更能够实现教育的根本目的，培养出既有深厚学识又有高尚情操的学生，为社会培养出真正有用的人才。这种教育实践的成功既为学校的持续发展和特色品牌的创建奠定了坚实的基础，也为学生的全面发展提供了有力的支持。

第二章　本真教育的发展

第一节　本真教育的发展原则

　　在习近平新时代中国特色社会主义思想的指导下，校方应深入贯彻党的十九大精神以及习近平总书记在全国教育大会上的重要讲话精神，全面落实国家教育事业发展规划和教育现代化的相关战略。通过积极实施这些高层指导和规划，校方在"本真教育"理念的推动下，不断加强文化建设、特色发展和品牌概念，形成了独特的办学特色。依托于"本真教育"的先进理念，校方持续优化教育质量，强化文化立校的理念，形成校方的教育特色，以创立鲜明的教育品牌。校方也注重通过各种渠道加强品牌形象的宣传和示范作用，致力于在品牌建设期间将校方建设为区域内的高品质教育典范，确保为社会提供符合期待的优质教育服务。这些举措不仅提升了校方的教育质量和社会影响力，也为学生的全面发展创造了有利条件。本真教育的发展原则如表 3-1 所示。

表3-1　本真教育的发展原则

原则	内容概括	具体措施	目标
尊重教育本真原则	教育应回归其基本使命，促进学生全面和谐发展，关注内在需求和潜能	超越知识传递和技能训练，重视学生个体差异，提供个性化教育路径，深化学校内涵，创建支持性学习环境	培养学生的创新精神和批判性思维，促进学生的全面发展
承前启后的原则	继承优良传统和成就，同时开启未来的创新与进步，系统性和规范性地推进教育改革	系统回顾并总结学校发展历程，进行创新和改进，实施SWOT分析，制订规划和执行体系，全员参与和全方位覆盖	实现教育模式的平衡和可持续发展，产生积极社会影响
创新发展的原则	不断探索新的教育方法、课程设计和管理模式，适应全球环境和社会需求，强调人的主观能动性	融入学校整体发展规划，更新教学理念和方法，建立可持续品牌发展机制，激发教育参与者的创新潜力	培养具备深厚知识基础、创新能力和社会责任感的学生，将来为社会贡献力量

一、尊重教育本真原则

遵循教育本真原则是现代教育发展的重要导向。教育本真原则强调教育应回归其基本使命，即促进学生的全面和谐发展，而非单纯追求应试成绩或技能培训。本真教育主张教育应服务于人的全面发展，关注学生的内在需求和潜能的发展，而不是外部的、形式化的评价标准。

在当前教育体系中，尊重教育的本质涉及以下几个方面的内容。

教育不仅应当超越简单的知识传递和技能训练，更重要的是培养学生的创新精神和批判性思维。这要求教育者不仅要作为信息的传递者，更应该成为学生思维的启发者和引导者。通过引入跨学科的教学方法，开展项目式、探究式学习，使学生能在实践中学习如何分析问题、解决

问题。这种教育方式能更好地让学生面对不断变化的世界，培养其终身学习的能力和适应未来社会的能力。

尊重教育本真原则还意味着重视学生的个体差异，提供符合其各自需求和兴趣的教育路径。在粤港澳大湾区这样多元化和竞争激烈的环境中，教育机构应致力于发现和培养每个学生的独特潜能和兴趣。通过个性化的教学方法和学习计划，学生可以在自己擅长和感兴趣的领域中获得更深层次的发展。这不仅有助于学生的个人成长，也能激发其对学习的兴趣和热情，进而促进其全面发展。

尊重教育本真原则还要求教育者深化学校内涵和提高教育质量。这不仅包括课程内容的丰富和教学方法的创新，更重要的是构建一种支持和促进学生全面发展的学习环境。西联小学等教育机构旨在通过科学的管理和教育策略，创造一个既能够满足学生学术需求也能关注其情感、社交及身体发展的环境。通过这样的教育环境，学校不仅能培养学生的学术能力，更能促进其社会责任感和公民意识的培养。

在传统的教育模式中，学校教育往往只关注特定学段的学习，而忽视了教育的持续性。真正的教育应当是一个终身的过程，涵盖从幼儿到成人的各个阶段。因此，学校应当扩展其教育服务，不局限于小学阶段，而是为学生的长远发展提供持续的支持和资源。这可以通过建立网络、提供终身学习的课程和资源，以及与高等教育机构和职业培训中心的合作来实现。本真教育原则指导下的教育改革不仅是对传统教育模式的一种超越，更是对未来社会的一种准备。通过将"发展学生"作为学校品牌建设的核心，学校能够更好地服务于学生和社会的需求，实现教育的真正目的，培养出能够应对未来挑战的全面发展的个体。这种基于本真的教育理念将为区域乃至全国的教育改革提供新的视角和动力。

二、承前启后的原则

承前启后原则是教育发展中一种重要的战略思维方式，其核心在于继承过去的优良传统和成就，同时开启未来的创新与进步。这一原则在教育领域尤为重要，因为教育不仅关系到知识和技能的传递，更涉及价值观、思维方式及社会责任感的培养。

在具体操作上，承前启后要求教育机构在确认并维护已有成功经验的基础上，对这些经验进行深入分析和批判性思考，从而在新的教育环境中实现其价值的再生和升华。以西联小学为例，自 2005 年建校以来，该校逐步确立并深化了"本真教育"的理念。这一理念贯穿了学校的多个方面，包括德育工作、教育教学、课程设置等。十余年来，西联小学在这些领域积累了丰富的经验和显著的成就，形成了具有独特校本特色的"本真系列校本课程"。这些都是承前启后原则在实践中的具体体现。

承前，首先需要对学校过去的发展历程进行系统的回顾和总结。这包括对教学成果的量化分析、教学方法的有效性评估、德育工作的成效检验以及师资力量和学生表现的长期跟踪。通过这些分析，学校能够识别出哪些做法是成功的，值得继续保留和发展，哪些做法可能因时间变迁和外部环境的变化而需要调整或淘汰。

启后是在总结和继承的基础上进行创新和改进。对小学而言启后意味着要在已有的教育模式和课程体系中，融入新的教育理念和科技成果，如通过 SWOT 分析来正确认识学校在未来教育竞争中的优势、劣势、机会与威胁，并据此调整教育战略。此外，学校需要在现有的教育框架内探索新的教学方法和学科内容，以适应全球化和信息化时代对教育的新要求。

在承前启后的过程中，策略的系统性和规范性至关重要。这要求学校在实施教育改革时，建立一套完整的规划和执行体系，确保各项教育改革措施能够协调一致、有效推进。这包括制订详细的实施计划、定期

评估改革效果以及根据反馈调整策略。只有这样，学校才能在继承和创新中找到平衡，实现可持续发展。另外，承前启后还需要全员的参与和全方位的覆盖。这意味着教育改革不能仅仅是学校管理层的行为，还应该成为包括教师、学生、家长以及社区在内的所有利益相关者的共同行动。这样的集体努力，可以确保教育改革措施得到有效执行，并在全社会范围内产生积极的影响。

承前启后原则的成功实践，需要建立在对教育规律深刻理解的基础上。这不是对某一学校或地区的教育实践的简单复制，而是要结合具体教育环境的特点，进行本土化的创新与应用。所以，承前启后不仅是一种策略或方法，更是一种持续推动教育前行的动力。

三、创新发展的原则

创新发展原则在现代教育体系中扮演着核心角色，不仅对教育实践持续进行更新和改进，更是一种深刻的文化理念和战略定位。这一原则要求教育机构不断地探索新的教育方法、课程设计、教育策略及管理模式，以适应日益变化的全球环境和社会需求。

教育的创新发展不是孤立发生的，需要将其融入学校的整体发展规划中，与学校的使命、愿景和长远目标相结合。这种结合体现在两个方面：首先，教育创新要与学校文化的传统和现有的教育实践相融合，这不仅保证了创新的持续性和有效性，也使创新能在现有的教育框架中得到支持和促进；其次，创新需要体现在教育内容和教育方法上，这包括引入新科技、更新教学理念、改革课程内容和教学方法。

在西联小学的案例中，学校提出的"务本求真·登高步远"新理念正是创新发展原则的具体体现。这一理念明确打破了传统的教育界限，将教育的目标从单纯的知识传授扩展到为学生的未来乃至国家和民族的未来培养人才。这种思维方式强调了教育的前瞻性和责任感，要求教育者不仅关注学生当前的学习需求，更关注其长远的发展。

创新发展原则还要求学校建立可持续的品牌发展机制。这种机制包括对教师的专业发展、学生的优势发展以及学校文化的培育进行系统的规划和实施。通过这样的机制，学校不仅能提高教育质量和效率，还能够增强学校的凝聚力和影响力。具体来说，学校需要制定明确的工作路径和发展策略，确保教育创新与学校的日常运作紧密结合，形成一种新型的联动机制。这种联动机制不仅涉及教学和管理，更包括学校与家庭、社区乃至更广泛社会的互动。

在人的角色上，创新发展原则特别强调人的主观能动性的重要性。教育创新不是自上而下的命令或单向的推动，而是需要每个教育者的积极参与和创造性贡献。这意味着，教育机构应当激发和利用教师、学生、家长乃至其他教育工作者的创新潜力，共同推动教育的发展。通过这样的过程，教育创新能更贴近实际需求，更有力地推动学校和社会的进步。创新发展原则的实践是一个复杂且动态的过程，要求学校在继承和借鉴传统的基础上，不断探索和实践新的教育理念和方法。这种原则不仅能促进学校自身的发展，更能为学生的成长和社会的进步作出贡献。通过实施这一原则，教育机构可以培养出既有深厚知识基础又有创新能力和社会责任感的新一代，为国家和世界的未来贡献力量。

第二节　本真教育的发展目标

全面贯彻党的教育方针是中国教育体制的基础，其核心内容涵盖了发展素质教育、推进教育公平及培养社会主义建设者和接班人。这一方针强调了将立德树人作为教育的根本任务，旨在通过教育全面提升学生

的德、智、体、美、劳各方面能力。"本真教育"理念中的"本"代表教育的根本和起点，强调教育应回归其本源，即发挥人的智慧、提升人的未来适应能力和创造力。这一理念认为，教育的核心应放在推动人的全面发展上，这也是教育活动的终极目标。"本真教育"中的"真"涵盖了三重含义：一是真实客观的"真"，强调教育活动应基于客观实际和规律；二是真理的"真"，即教育者应引导学生探究真理；三是真诚的"真"，强调教育应培养学生本色做人、平实做事以及诚实守信等价值观。这种对"真"的理解不仅反映了教育对学生个体发展的尊重，也体现了教育对文化传承和素质提升的重视。

本真教育理念是一种以儿童的全面和健康发展为核心的教育观念。这种理念旨在纠正传统教育中存在的某些偏差，如过分强调知识学习而忽视儿童天性的自然发展，过度侧重技能训练而轻视德育交往，以及重视当下教学主题而忽略儿童未来生活的准备。本真教育主张教育应该更多地关注儿童的个性和特长，推动他们在多方面得到平衡发展，尤其在精神和德行方面。

回归本真、回归生活的倡议是对本真教育理念的具体实践。学校通过关注每个儿童的全面发展和特长优势，努力为他们的成长提供充满生命力和希望的环境。这种教育方式让儿童在成长过程中感受到幸福，享受快乐的成长体验，从而在精神和情感上获得健康的发展。通过实施本真教育，学校可以培养出一批在精神、德行和学业上都能幸福成长的学生。这样的教育不仅有利于学生的个人发展，而且为社会培养出具有良好品德和强大内核的新一代。本真教育的推广和实践展示了一种教育的可能性，即通过教育实践回应儿童的本质需求，促进其全面发展。

一、办学愿景

本真教育倾力打造的办学愿景是在快速变化的社会背景下，培养学生的终身学习能力和适应多样文化的全球视野。该教育体系强调在学术研究和实践应用之间建立桥梁，以促进学生的全面发展。在传授知识的同时，本真教育特别强调批判性思维、创新能力和道德责任感的培养，旨在为社会培育出既具备专业知识又有能力解决复杂问题的人才。教育的核心不仅是知识的积累，更是能力的培养。通过本真教育可以认识到，在全球化和技术快速发展的今天，传统的教育模式已难以满足未来社会的需求。因此，该教育体系致力于融合跨学科的课程设计，强化学生的实际操作能力和团队协作精神。通过项目导向的学习方法，学生能够在解决实际问题的过程中深化对知识的理解和应用。

另外，本真教育还特别重视个性化学习路径的设计，认为教育应当尊重每个学生的个性和兴趣。通过提供多样化的课程选择和灵活的学习进度，教育机构能够满足不同学生的需求，帮助他们在自己最感兴趣的领域中达到专业水平。这种教育模式不仅能够激发学生的学习热情，还能够促使他们在学习过程中进行自我驱动，探索未知领域。

为了应对全球性的挑战，如气候变化、经济不平等和文化冲突等，本真教育加强了对全球责任和可持续发展的教育。通过与世界各地的教育机构和组织合作，本真教育使学生有机会了解和参与到全球问题的解决中。学生不仅学习如何在本地社区作出贡献，同时也被鼓励成为全球公民，要对全球问题有深刻的理解和投入。教育机构通过引入最新的教育技术，如人工智能、虚拟现实和大数据分析等，极大地丰富了教学方法和学习体验。技术的应用不仅提高了教学效率，也使学生能够在一个更加充满互动性和个性化的学习环境中成长。同时，本真教育也强调教育技术的正确使用，确保教育技术应用提高而非替代传统的教育价值。

教育机构采用持续的评估系统来监控学生的学习进展和教学质量。

通过实时反馈，教师可以及时调整教学策略，确保每个学生都能在其学习旅程中获得最大的支持和资源。此外，学生的评估不再仅仅依赖于传统的考试和测试，而是通过多样化的评估方式，如项目展示、团队合作和实际操作等，更全面地反映学生的能力和进步。

　　未来，本真教育将继续扩大其影响力，不仅在本国，还在国际上通过开设分校和建立更多的合作关系，推广其教育理念。教育机构也将继续更新其课程内容和教学方法，以保持与时代发展的同步，确保学生能够在未来的职业生涯中保持竞争力。通过这些努力，本真教育希望能够为世界培养出更多具备全面能力、道德觉悟和全球视野的领导者，为全球社会的持续进步与和谐发展贡献力量。本真教育的发展目标体现了对教育质量的不懈追求和对未来社会需求的前瞻性理解，通过持续的创新和改进，致力于成为全球教育领域的领跑者。

二、办学理念

　　本真教育的办学理念深植于为学生提供全面而深入的教育体验，使之不仅掌握必要的知识技能，更能在全球多元文化的背景下展现出色的适应能力和领导潜力。这种教育理念反映出一种对学生个体发展和社会责任双重关注的教育观，强调知识与能力并重，追求学生的整体发展。

　　教育的根本目的在于激发和培养学生的内在潜力，本真教育因此注重创设一个既有挑战性又有支持性的学习环境。这样的环境不仅能满足学生对知识的探索需求，更重要的是能发展其批判性思维、创新意识和独立解决问题的能力。通过以实际问题解决为导向的教学方法，本真教育引导学生在实践中学习，在挑战中成长。这不仅增强了学生的实际操作能力，也锻炼了他们对不确定性和复杂性的应对策略的制定技能。

　　在培养学生面向未来的能力方面，本真教育特别强调技术与人文的融合教学。在快速发展的科技环境下，学生被教授如何有效利用现代科技工具，同时确保这些工具的使用能促进社会公正与可持续发展。教育机构认为，技术应服务于人类的整体福祉，因此在课程中融入了对科技伦理的深入讨论，使学生在使用技术时能够权衡利弊，做出符合道德和能够肩负社会责任的决策。本真教育还致力于培养学生的全球公民意识，这一点在其课程设计和校园文化中得到了充分体现。通过与世界各地的教育机构合作，学生有机会接触不同的文化和观念，这不仅拓宽了他们的视野，也增强了其在多文化环境中有效沟通和合作的能力。此外，教育机构鼓励学生参与到解决全球性问题的活动中，如气候变化、经济发展不平衡及社会不公等，从而培养其对全球问题的深刻理解和解决这些问题的实际能力。

对于教师的角色，本真教育也有独特的理念，认为教师不仅是知识的传递者，更是学生学习旅程的引导者和伙伴。因此，教育机构重视教师的专业发展和教学方法的创新，支持他们通过持续的学习和实践提高其教学质量。教师被鼓励采用以学生为中心的教学策略，关注每个学生的学习需求和个性化发展，通过有效的反馈和指导帮助学生达到最佳的学习效果。

展望未来，本真教育将继续致力于优化其教育模式和扩大其教育影响力。通过不断的课程创新和教学方法的革新，以及加强与全球教育网络的合作，本真教育力求在全球教育领域中占据领导地位，为更多学生提供高质量的教育服务，培养能够应对 21 世纪挑战的全面发展的人才。

三、办学目标

本真教育的发展目标，通过深入探讨教育本质，追求学生全面而均衡的发展，致力于培养能适应未来社会需求的全能型人才。本真教育的理念注重学生的内在潜能和个性的充分发展，追求教育的本真，即教育的根本目的和本质价值，从而实现教育活动与学生个体需求之间的最佳

匹配。

在办学目标上，本真教育致力于创造一种优良的教育环境，使学生能够自由地探索知识、发现自我并实现个人潜能。这种环境鼓励学生主动学习，培养其批判性思维和解决问题的能力。通过这种方式，学校不仅传授知识，更重要的是教会学生如何学习、如何思考，以及如何将所学知识应用于实际生活和未来的职业发展中。本真教育也强调道德教育和人格培养的重要性。通过将道德教育融入日常课程和校园文化中，学校旨在培养学生的使命感、同理心和社会责任感。这种教育不仅关注学生作为学习者的角色，更关注其作为社会成员的角色。培养出的学生应当具备正直的人格和良好的公民素质，能够在未来的社会中发挥积极和建设性的作用。

在学术追求方面，本真教育注重知识的深度与广度，鼓励学生探索各学科领域，发展多元化的兴趣和技能。通过提供丰富多样的课程和活动，学校支持学生追求个性化的学术路径和职业目标。这种灵活和包容性的学术策略，有助于学生在未来的高等教育和职场中更好地定位自己和实现职业发展。

在教育方法上，本真教育倡导创新和实验性的教学策略，如项目式学习、探究式学习和协作学习等。这些方法能够激发学生的学习兴趣，提高其学习效率。通过这些方法，学生能够在实践中学习，通过真实世界的问题解决过程理解知识的实际应用。这种学习方式能够极大地提高学生的综合能力和适应未来复杂环境的能力。学校通过与社区合作和参与国际交流项目，为学生提供了解和接触更广阔世界的机会。这种教育策略旨在培养学生的全球意识和跨文化交流能力，使他们成为能够在全球化世界中活跃的公民。

本真教育的发展目标集中于培养具有深厚学术基础、坚定人格力量和广阔国际视野的学生。这些学生不仅能在学术上取得优异成绩，更能在社会和职业生活中展现出卓越的领导力和责任感。通过设立这样全面的教育目标，学校希望为社会培养出一代又一代的领导者和创新者，使其成为推动社会进步和应对未来挑战的关键力量。

第三节　本真教育的发展基础

　　本真教育的发展基础深植于将教育与生活紧密相连的理念中，正如陶行知先生所强调的，教育应随时随地与生活环境相融合，以此才能充分发挥其真正的作用。这种教育方式把学校视为生活的微缩版，其中学生的学习、成长和实践活动都应与他们日常生活的实际需求和社区环境相结合。在这样的教育模式下，学校不仅仅是传授知识的地方，更是学生生活实践的场所，通过具体的社区参与和实际问题解决，学生能够学到更多与生活紧密相关的知识和技能。为实现这一教育目标，本真教育依托地方社区的特定条件和资源，通过优化管理、营造良好的校风和学习环境，提升教育质量和服务水平，从而构建一个"六优"校园。这样的校园不仅环境优美，学术、管理和服务更是质量上乘，为学生提供一个优雅的学习和成长空间。同时，通过强调"六美"特色，即品德、课堂、体格、才艺、师生关系及家校合作的美化，学校成功地将教育内容与学生的全面发展相结合，使教育活动不限于课堂内部，而是扩展到学生的身心健康、社会交往能力及艺术修养等多方面。本真教育的这种发展模式确保了教育的全面性和实用性，通过与地方社区的紧密联系和对学生全面发展的关注，有效地促进了学生的个性发展和提升了其社会适应能力。

一、理论基础

（一）中华传统文化

　　本真教育的理论基础深植于中华传统文化的精髓，特别是汲取了老子和孔子思想的核心元素。这些思想家的智慧不仅影响了中国几千年的教育观念，也为本真教育提供了一种教育哲学的视角，强调顺应自然规律和尊重个体差异。通过这种方式，本真教育致力于在现代教育实践中融入传统文化的智慧，以实现教育的深层次目标。

　　老子的"道法自然"思想，强调的是一种顺应自然、遵循自然规律的生活和管理哲学。在教育领域，这一思想被本真教育解读为顺应学生的自然发展规律，避免过度干预，让他们在最适宜的环境中自我发展和成长。本真教育认为，每个学生都有其独特的个性和天赋，教育的过程应该是一个引导而非强制的过程，教育者应当像园丁一样，创造条件让每个学生像自然中的植物一样按其自然属性成长。孔子的"因材施教"进一步强化了教育应当注重个体差异的理念。孔子提倡根据学生的具体能力、兴趣和特点来进行教学，反对"一刀切"的教育模式。本真教育采纳这一策略，通过灵活多样的教学方法和课程设计，尽可能满足每个学生的独特需求。教育机构开发了个性化的学习计划和评估体系，确保教育资源的合理分配，使每个学生都能在其最感兴趣和最有潜力的领域得到发展。

　　将这两种思想应用于教育实践，本真教育在课程设置和教学方法上均尽力体现了对学生自然成长的尊重和对个体差异的关注。课程内容不仅覆盖广泛的学科知识，更加入了诸多关于个人发展、社会责任和文化认同的主题。在教育过程中，教师扮演的是引导者和支持者的角色，他们通过观察学生的行为和反应来调整教学策略和内容，确保教学活动能够适应其个性和成长节奏。本真教育也在校园文化的构建上强调中华传统文化的价值，如礼仪、尊重和集体主义，这些都是传统文化中的重要元素。通过校园日常活动、特色课程和节日庆典，学生得以从实践中学习和体验这些文化精粹，促进了他们对传统文化的认同和尊重。

本真教育在理论和实践上均深受中华传统文化的影响。教育机构通过现代教育方法的创新与传统智慧的结合，旨在培养出既有全球视野又深植本土文化的新一代。通过这样的教育模式，本真教育让学生不仅在知识上得到充实，更在精神和道德上得到升华，为他们未来在复杂多变的世界中担任领导角色提供了坚实的基础。

（二）西方教育思想

本真教育在理论基础上融合了西方多元的教育思想，其中包括自然主义、进步主义、建构主义、人本主义和后现代主义等。这些教育理念的集成不仅丰富了本真教育的教学方法和课程设计，也加强了教育的全人发展目标。在现代教育环境中，这些西方思想为本真教育提供了强有力的理论支持，使其能够更有效地应对当代教育挑战。

自然主义教育哲学强调顺应个体的天性和发展规律，主张教育应以学生的兴趣和需要为中心。本真教育借鉴这一点，努力创造一个允许学生自然发展的教学环境，鼓励他们根据自己的节奏和兴趣进行学习。这种教育方式鼓励学生探索自然和社会环境，通过直接经验学习更好地理解世界和自我。

进步主义教育侧重于教育的实用性和现实意义，强调通过解决现实生活中的问题来开展学习。在本真教育中，这种思想体现在项目基础的学习和课程设计上，学生被鼓励参与到解决实际社会问题的项目中，这不仅提升了他们的问题解决能力，也增强了其社会责任感和公民意识。

建构主义教育哲学认为知识是学习者在特定文化和社会背景中通过经验构建的。因此，本真教育注重学生主动学习的过程，教师的角色是引导者和协助者，引导和帮助学生在主动探索中构建知识。通过小组讨

论、案例研究和实践活动，学生能够在互动中构建个人和集体的理解，形成深刻的学习体验。

人本主义教育关注学生的情感和自我实现，主张教育应帮助学生发展为完整的人。本真教育从这一理念中汲取了对学生个性尊重和情感关怀的重视，努力在教学中融入对学生自尊、自信和自我价值的培养。课程和教学活动设计旨在支持学生的自我探索和个人成长，使他们能够在学术和个人发展上取得平衡。

后现代主义教育强调对传统权威和普遍真理的质疑，提倡对多样性和差异性的接纳。本真教育在此基础上，鼓励学生发展批判性思维，旨在培养学生对传统知识和社会结构的反思能力。通过跨学科的课程和批判性对话，学生被引导去识别和质疑社会和文化中的假设，从而形成独立和多元的视角。

本真教育的西方教育思想基础提供了一个多元化、以学生为中心和具有批判性的教学环境，强调个体全面发展和积极参与社会实践。这些理念的融合不仅使本真教育能够更好地应对全球化和信息化时代的挑战，还使其在教育实践中更具前瞻性和创新性。通过这些教育策略，本真教育致力于培养出能够适应未来社会变化，以及具有全球视野和社会责任感的新一代。

二、实践基础

（一）以儿童为中心

本真教育的实践基础坚定地植根于儿童中心的教育理念中。这一理念突出了尊重儿童作为学习主体的地位，强调开展以儿童的兴趣和需求为导向的课程设计和教学活动。本真教育的实践基础认为，教育内容和方式应基于儿童的实际生活经验，从而使学习过程与儿童的现实生活紧密相关。本真教育通过以儿童为中心的策略，有效地提高了儿童的学习动机和参与度，因为学习内容直接回应了儿童的兴趣和好奇心。此外，这种以儿童为中心的教育还强调为其创造一个支持性的学习环境，使儿童能够在充满安全和鼓励的氛围中自主选择和探索，从而发展其自我指导的学习能力和独立思考的习惯。在这种教育模式下，教师扮演的角色是儿童学习的促进者和指导者，而不仅仅是知识的传递者。教师的主要职责是观察儿童的兴趣和学习动态，并根据这些观察内容来调整教学计划和活动。本真教育提倡使用灵活多样的教学方法，如项目式学习、游戏化学习和探索活动，以适应不同儿童的学习风格和发展阶段。这种教学方法使儿童能够通过实际操作、实地考察和互动交流等多种方式，积极参与到学习过程中，最大限度地发挥其主动性和创造性。因此，本真教育在儿童的教育实践中，不仅关注知识和技能的传授，更注重促进他们的全面发展，使其在认知、情感和社交等各方面都能得到均衡和健康的成长。

（二）体验式学习

本真教育采用体验式的学习策略，重视通过实际操作和互动活动推动儿童的学习过程。体验式学习的核心在于使儿童能够在真实或仿真的情境中主动探索、实验并解决问题，从而获得知识和技能。这种方法强调学习的过程性，认为知识的获取是通过实际体验完成的，而非被动接受的过程。在实施中，本真教育精心设计了一系列的活动，如幼儿园的区域活动课程，包括建构区和表演区，让儿童在游戏进行和角色扮演中自然地学习和发展。

本真教育在体验式学习实践中强调多感官的参与，认为儿童通过触觉、视觉、听觉和动作参与能更全面地理解学习材料。例如，在建构区中，儿童通过操作不同的材料，学习物理和数学的基本概念；在表演区，通过剧本创作和角色扮演，儿童可以提高语言表达和社交技能。这些活动不仅促进了儿童认知能力的发展，而且强化了他们的社会情感技能，

使学习成果更为持久和深刻。通过这种深度的、参与式的学习体验，本真教育有效地培养了儿童的创造力、批判性思维和问题解决能力，为他们未来的教育和生活奠定了坚实的基础。

（三）整体教育

本真教育的实践基础深植于整体教育理念中。该理念强调教育的任务是关注并促进儿童在身心各方面的全面发展。在这一理念的指导下，课程设计不仅包括传统的学术学科，如数学和语言艺术，而且广泛涉及艺术、体育和社会情感学习，以确保儿童在逻辑思维和直觉思维、身体发展以及情感和心灵健康等多方面能够均衡发展。本真教育通过这种跨学科的课程结构，使儿童能够在不同领域中获得知识和技能，同时也鼓励他们探索个人的兴趣和潜力，这种教育方式有助于培养儿童的创造力和批判性思维能力，为他们的未来学习和生活打下坚实的基础。在实施整体教育的过程中，本真教育特别重视教师的角色和教学方法的创新。教师被视为儿童发展的促进者和支持者，他们通过整合不同学科的教学内容，创造丰富的学习环境，使儿童能在实践中学习和应用知识。例如，通过项目式学习活动，儿童可以在解决实际问题的过程中，同时运用科学、数学和语言艺术的技能。这种学习方式不仅增强了学科之间的联系，而且让学习更加生动和有意义。此外，本真教育还强调情感和心理健康的教育。通过定期的情感教育课程和心理辅导，帮助儿童建立自信和自尊，发展健康的人际关系，这些都是本真教育致力于儿童整体发展的重要方面。

三、文化基础

（一）教育文化

本真教育作为一种教育文化，其核心在于强调教育的人文价值和教育的本质回归。这种教育文化反对将教育简化为单纯的知识传授和技能训练，而是将其视为一种培养全人的过程，旨在促进儿童的全面发展。本真教育强调教育应与真实生活紧密相连，倡导教育内容和方法应与儿童的真实经验和生活背景相结合，使学习成为一种自然而有意义的活动。这种教育观念促使教育者重新思考教育的目的，将培养独立思考、情感丰富和有社会责任感的个体放在教育活动的核心位置。在尊重儿童个性方面，本真教育文化强调每个儿童都是独一无二的个体，拥有自己的兴趣、能力和学习节奏。在教育过程中，教育者应当深入了解每个儿童的独特性，根据儿童的个性和需求设计教学活动。这种个性化的教育方法不仅更能激发儿童的学习兴趣，而且更有助于儿童个人才能的发展。

本真教育通过提供多样化的学习资源和环境，支持儿童探索自我和发展个人潜力，从而实现快乐和健康地成长。本真教育文化认为教育的终极目的是促进儿童的幸福感和生活质量的提升。通过创建一个充满包容、支持和鼓励的学习环境，本真教育努力消除学习过程中的压力和焦虑，使学习变成一段快乐和充实的经历。教育者鼓励儿童通过游戏和创造性活动表达自我，通过社交和团队协作培养良好的人际关系和社会技能。这种关注儿童情感和心理健康的教育文化，有助于培养儿童成为自信、乐观和有社会责任感的人。

（二）学校文化

在本真教育体系中，学校文化的建设是核心环节，其强调创造一个宽松、平等且充满童趣的学习环境。这种环境使学习变得自然而愉悦，不再是儿童感到压力的来源。在这样的文化氛围中，学校成为儿童探索世界、表达自我和发展个人兴趣的乐园。学校提供的不仅是知识的学习，更是社会技能、情感发展和创造力培养的平台。通过这样的学习环境，儿童能够在实践中学习合作与尊重他人，培养解决问题的能力，同时享受学习的过程。这反映了本真教育将快乐和自然发展作为教育目标的基本原则。

教师不仅是知识的传递者，更是儿童成长过程中的引导者和支持者。在本真教育的指导下，教师关注每个儿童的兴趣和需求，以个性化的方式进行教学。这要求教师具备高度的敏感性和创造力，能够设计出既满足教学大纲要求又能激发儿童兴趣的教学活动。此外，教师也需要不断地自我更新知识和教学方法，以适应教育环境的变化和儿童需求的多样性。在这种文化中，教师与儿童之间建立的是基于理解和尊重的伙伴关系，这有助于培养儿童的自信心和自主性。本真教育在学校层面强调提供丰富的学习资源，这包括多样化的教材、先进的教学工具和各种实践活动的机会。学校文化鼓励创新和实验，使学习资源不仅限于传统的书本和教室，更扩展到网络资源、社区合作以及国际交流中。通过这些资源的整合使用，儿童可以在更宽广的世界视野中学习和成长，不仅增强了其学习的有效性，也使学习过程更加符合个体发展的需要。

第四节　本真教育的发展措施

中小学教育阶段是个体知识不断积累和能力快速提升的关键期，同时也是个性和品德塑造的重要阶段。教育质量不仅影响学生的知识掌握和能力提升，还深刻影响其世界观、人生观和价值观的形成。基础教育对于培养人的核心品格和关键能力具有决定性作用，是个体终身发展的基石。因此，本真教育的发展策略应着重于以下几个方面：加强课程体系建设，确保教学内容的全面性和前瞻性；培养教师队伍，提升教学质量；注重学生全面发展，强化品德教育和个性培养；创新教学方法，提高教育的吸引力和效果。

一、课程设计与具体实施

本真教育在课程设计与实施上强调以学生为中心，目的是发掘每个学生的潜能，满足其个性化需求。这种方法突破了传统教育的框架，致力于更深层次的学生发展。

（一）以学生为中心的课程设计

本真教育中的课程设计首先确保与学生的兴趣、需求和发展阶段相适应。课程内容的选取不仅仅依据学科知识本身，更注重与学生的生活经验和未来职业发展紧密联系。这种设计理念鼓励学生将学习内容与实际生活联系起来，提升其学习的实用性和相关性。例如，通过主题活动课程，学生可以围绕一个中心主题进行多方面的学习和探索。这种活动不仅让学生学习知识，更让学生通过实际操作来解决问题，增强学生的实践能力和创新精神。主题可能涵盖从科学实验到社会调查、从艺术创作到技术制作，各种形式的主题活动都能有效地激发学生的学习兴趣和主动性。

（二）多样化的教学方法

在课程的实施阶段，本真教育提倡使用多样化的教学方法来适应不同学生的学习风格和能力。项目式学习、探究式学习、合作式学习等教学模式不仅促进学生的知识掌握，更重要的是可以培养其批判性思维、创新能力和团队协作精神。项目式学习通常要求学生在教师的指导下，围绕一个实际问题进行深入研究，最终提出解决方案。这种方式使学生能够从实际操作中学习到问题解决的策略和过程，更好地理解理论与实践的联系。探究式学习强调学生的主动探索和独立思考，教师的作用更多的是引导和激励。通过提出开放式问题，教师激发学生的好奇心和探究欲，引导他们通过各种资源和实验来寻找答案。合作学习侧重于通过小组合作来解决问题或完成任务，这不仅能提升学生的社交能力，还能让他们在此过程中学习到如何在团队中发挥作用，以及处理人际关系和冲突。

通过这种以学生为中心的课程设计和多样化的教学实施，本真教育能够更好地适应学生多样的学习需求，提升他们的自主学习能力，以应对未来社会的各种挑战。这种教育模式要求教师具备高度的教育敏感性和专业性，同时也需要教育者不断地学习和适应新的教育理念和技术。

二、教师专业发展

在本真教育体系下，教师的专业发展是提升教学质量的关键因素。强化教师的专业能力和促进其持续成长，是确保教育质量和学生学习成效的基石，如表3-2所示。

表3-2　教师专业发展的具体体现

教师专业发展的具体表现	具体措施	概括内容
提升教师素质	专业培训	通过定期培训，掌握最新教育理念和教学方法，提升教学质量
	教学研讨会	提供交流平台，分享经验和挑战，促进对教学实践的理解
	教育科研	参与研究活动，验证和完善教学方法，提高教学效果
	实践反馈	建立反馈机制，收集同行和学生的反馈，优化教学策略
建立教师合作机制	教研组和备课组	结构化团队合作，促进信息和经验交流，优化资源共享
	跨学科项目	联合设计和实施跨学科教学活动，拓宽专业视野，丰富学生的学习体验
	定期交流活动	通过开放日和观摩活动，学习同事的教学方法，激发创新思维
	专业发展计划	制订、个性化发展计划，设定职业目标，提供资源支持

（一）提升教师素质

教师的专业素质直接影响教育的质量和效果。在本真教育中，注重教师专业能力的提升，通过以下几个策略来实现。

1. 专业培训

通过定期组织的专业培训，教师能够接触最新的教育理念、教学方法和课程创新，从而不断提升其教学质量和专业能力。这种培训通常包括一系列的讲座、工作坊和实践研讨会，涵盖广泛的主题，如学习心理学、课程设计、评估方法、学生动机提升以及利用新技术的教学策略等。教育机构可以邀请相关领域内的专家学者进行专题讲座，分享他们在教育理论与实践方面的最新研究成果，或者介绍全球教育趋势中的新动向。此外，通过工作坊的形式，教师可以直接参与到教学策略的实践中，例如可以模拟教学环节或进行案例分析，这种互动性强的活动能够使教师在真实或模拟的教学场景中测试和改进他们的教学方法。

专业培训不仅是传授知识，更重要的是促进教师的反思和自我提升。教师通过培训可以深入理解学生的需求，掌握如何设计能够激发学生兴趣和提升其参与度的课程。教师还能学习如何评估学生的学习成果，以及如何根据评估结果调整教学策略，确保教学活动的有效性和针对性。

2. 教学研讨会

教学研讨会为教师提供了一个宝贵的交流和学习平台。在这些研讨会上，教师可以分享他们在教学过程中的成功经验和遇到的挑战，同时通过同行的反馈和指导，找到解决问题的新方法。这种形式的活动不仅促进了教师之间的互助和学习，而且加深了他们对教学实践的理解。

在教学研讨会中，案例分析是常用的一种方式。通过具体的教学案例，教师能够深入探讨课堂管理、教学方法、学生互动等多方面的问题。案例的讨论通常伴随着教学理论的引入和实际教学策略的应用讨论，使教师能够在理论与实践的结合中寻找到更加有效的教学方法。此外，问

题讨论环节更加注重于挖掘和解决教学过程中遇到的具体问题，如学生参与度提高、教学内容难度调整、评估方式的改进等。这些讨论往往能激发教师的创新思维，促使他们探索更多元化和适应性更强的教学方案。

教学研讨会的另一个重要作用是创建教师之间的专业网络。在这些会议中，教师不仅可以从同事那里获得直接的支持和建议，还可以通过网络建立更广泛的专业联系，这对于教师的职业发展和资源共享都极为有益。例如，教师可以通过研讨会结识其他学校或地区的教育工作者，从而开展跨校合作项目或共同参与研究活动。这样的合作经历不仅丰富了教师的教学经验，而且拓宽了他们的职业视野。

3. 教育科研

通过参与系统的研究活动，教师不仅能验证和完善自身的教学方法，还能深入理解学生的学习过程，从而更精准地调整教学策略，提高教学效果。在本真教育中，鼓励教师基于自己的教学实践进行教育实验或案例研究。这种研究活动使教师能够从实践中提炼知识，进一步理解教育理论与实践的结合点。

教育科研通常包括定量研究和定性研究两种形式。定量研究侧重于通过数据和统计方法来探索教学方法的效果，比如通过控制实验来比较不同教学策略对学生学习成绩的影响。定性研究更多关注对教学现象的深入解析，如通过访谈、观察或案例分析来探讨学生的学习体验和教师的教学策略。这些研究不仅帮助教师获得对教学实践更深层次的见解，还能够为教育社区提供有价值的实证研究结果。

通过参与教育科研，教师可以建立起一种基于证据的教学观念。这意味着教师在制订教学计划和实施教学策略时，能够依据科研结果来进行，以确保教学活动的科学性和有效性。此外，教育科研还能激发教师的创新精神，因为他们在研究过程中可能会发现新的教学问题和挑战，从而进一步去探索未知的领域，不断寻找更有效的解决方案。教育科研的另一个重要作用是促进教师的职业成长和学术交流。通过发表研究成果、参加学术会议和与其他研究者合作，教师能够扩大自己的专业网络，增加与同行间的互动，从而获取新的知识和灵感。这种职业发展方式不仅提升了教师的教学和研究能力，也增强了他们作为教育者的自信和满足感。

4. 实践反馈

实践反馈为教师提供了一种直接了解教学效果和学生学习状态的方式。通过建立一套系统的反馈机制，教师可以获得来自同行和学生的直接反馈信息，这些信息对于教师调整教学策略、优化课堂实践具有极大的价值。实践反馈不仅帮助教师确认哪些教学方法是有效的，哪些需要改进，还能激发教师对自己教学行为的深度反思，促进其专业成长。

教师可以通过多种方式收集反馈。例如，可以定期组织学生进行评价，让学生对教师的教学内容、教学方式和互动效果进行评估。这种评价可以是匿名的，以保证评价的真实性和公正性。此外，同行观摩也是一种有效的反馈方式，教师可以相互参观对方的课堂，之后进行面对面的反馈和讨论。这不仅可以帮助教师从同行的角度获取建议，还能增强教师间的合作和学习。教师可以利用这些反馈来进行自我反思和教学调整。例如，如果多数学生反映某个教学方法使他们难以理解课程内容，教师可能需要考虑调整这一方法，或者尝试不同的教学策略，以适应学生的学习需求。教师也可以将收集到的反馈与教育理论相结合，分析其教学行为的有效性和局限性，从而进行更有针对性的改进。

定期的自我评估和教学日志的撰写也是重要的自我反馈工具。教师可以通过记录和分析每天的教学活动，评估自己的教学策略和学生的反应，以此来发现教学过程中的问题和成功经验。通过这样的持续自我监控和反思，教师能够更深入地理解自己的教学实践，不断提升教学质量。

（二）建立教师合作机制

在本真教育中，教师合作是提升教学质量的另一关键策略。本真教

育通过以下方式促进教师之间的合作与交流。

1. 教研组和备课组

通过结构化的团队合作，教师可以在日常教学中更有效地协作和共享资源。教研组、备课组这些组别的运作不仅促进了教师之间的信息和经验交流，还增加了解决教学问题的集体智慧，并提高了效率。教研组的主要功能是提供一个平台，让教师能够集中讨论教学理论、策略及面临的挑战。在这个平台中，教师可以分享各自的教学实践经验，探讨如何解决学生学习差异、课程内容更新、教学方法的创新等问题。这种定期的交流和研讨激发了教师的创新思维，同时也为他们提供了学习和应用新教育理论的机会。更重要的是，教研组活动有助于形成一种支持性的教师社群，增强教师的职业归属感和团队协作精神。

备课组更注重教学资源的共享和课程准备的具体操作。在备课组的活动中，教师共同开发教学材料、设计课程活动并制定评估策略。这种合作不仅节省了教师的时间和精力，避免了重复劳动，而且保证了教学内容的一致性和质量。通过共享最佳实践和教学资源，教师可以从彼此的创意中受益，同时也能够使教学设计更具有创新性和适应性。

教研组和备课组的结合使用可以使教师在教学前的准备阶段和教学实施过程中都保持高度的专业发展和互助。例如，教研组可能会针对某一教学难题进行深入研究，备课组则负责将这些研究成果转化为实际的教学策略和材料。这样的协作不仅增强了教师处理复杂教学问题的能力，而且促进了教育创新的实际应用。

2. 跨学科项目

跨学科教学项目作为教师合作机制的一部分，提供了一个创新的教育模式，使不同学科的教师能够联合设计和实施教学活动。这种跨学科的合作不仅有助于拓宽教师的专业视野，而且为学生创造了一个综合性和互动性更强的学习环境。通过这种方式，教师的专业发展得以加速，学生的学习体验也更为丰富和全面。

在实施跨学科教学项目中，教师需要将来自不同学科的知识和技能融合在一起，共同探索和解决实际问题。例如，一个结合科学、数学和艺术的项目可以让学生通过艺术创作来探讨科学概念和数学原理。这样的教学活动不仅加深了学生对学科知识的理解，也激发了他们的创造力和批判性思维能力。对教师而言，这种合作要求他们跨越学科界限，相互学习和借鉴对方的教学方法和专业知识，从而在教学设计和实施中达到互补和创新。教师需要通过定期会议和持续沟通来协调教学计划，解决在合作过程中可能出现的分歧和问题。这种过程中的协作和问题解决经历，不仅促进了教师间的职业关系，也提高了他们处理复杂情况的能力。

跨学科项目还能增强教师的自我反思能力。在合作中，教师会接触不同于自己专业背景的教学理念和策略，这种经历可以促使教师反思自己的教学实践，探索新的教学方法。同时，教师在这个过程中获得的反馈可以用来调整和优化自己的教学策略，进一步提升教学质量。

3. 定期交流活动

定期交流活动通过组织如教师开放日、教学观摩等活动，为教师提供了宝贵的学习和交流机会。这类活动使教师能够亲身观察并学习同事的教学方法和风格，从而开阔视野，吸收新的教学理念和技巧。这种互相学习的过程不仅增强了教师之间的理解和尊重，也促进了教师创新思维的激发和教学热情的提升。在类似教师开放日的活动中，教师可以邀请同事进入自己的课堂，直接展示自己的教学实践。这种开放和透明的环境鼓励教师展示自己的教学策略，并接受来自其他教育工作者的反馈和建议。这不仅有助于教师识别并改进教学中可能存在的问题，还可以通过观摩他人的教学风格，获得灵感和创新的思路。

教学观摩提供了一个系统的方式，让教师能够观察并分析同行在课堂上的具体做法，包括如何管理课堂、如何与学生互动以及如何传达复

杂的概念。通过这种方式，教师可以学习到如何在不同的教学场景下应用多样的教学技巧和方法，从而更好地适应各种教学需求和学生群体。这些交流活动还为教师创造了一个正式的反思平台，教师在参与过程中不仅能够获得具体的教学技巧，更重要的是能够思考和反省自己的教学理念和实践。这种深度的专业对话和反思对于教师的长期职业成长尤为重要，它可以帮助教师持续地提升自己的教学质量和教育影响力。

4. 专业发展计划

制订个性化的专业发展计划旨在为每位教师提供根据其职业发展阶段和个人兴趣量身定制的成长路径。这种计划的实施不仅可以帮助教师设定清晰的职业发展目标，还能确保他们在教育行业中保持持续的活力和成长性。通过个性化的发展计划，教师能够根据自己的需要和职业愿景，选择合适的培训课程、研讨会和其他发展机会，从而在实现个人职业目标的同时，提高自己的教学能力，并积累专业知识。

个性化的专业发展计划通常包括短期和长期的职业目标，这些目标是基于教师当前的教学实践、专业技能和未来职业发展的预期设定的。教育机构通过提供必要的资源支持，如资金、时间和专业指导，使教师能够参与到各种培训和学习活动中。例如，一个刚开始职业生涯的教师可能需要更多关于课堂管理的培训，而经验丰富的教师可能更倾向于参与高级教育策略制定或领导力培训。专业发展计划的制订也鼓励教师之间的合作和交流，教师可以在制订和实施自己的发展计划过程中，与同行分享经验和挑战，寻求反馈和支持。这种机制不仅增强了教师团队之间的协作，还提升了整个教育机构的教育质量和教师满意度。通过这样的合作，教师可以共同探讨教学方法，分享成功案例，甚至可以合作开展教学项目或研究，这些都是职业成长的重要组成部分。

在实施个性化的专业发展计划时，教育机构应确保计划的灵活性和实用性，使其能够适应教师职业生涯中的各种变化和新兴需求。此外，定期评估和调整发展计划也至关重要，这确保了教师能够持续地获得相关和有效的支持，以应对快速变化的教育环境。

三、学校管理与评价

在本真教育发展措施中，构建支持性的学校文化是实现优质教育的重要策略。支持性的学校文化不仅关注教学和学习的具体过程，还致力于营造一个充满尊重、信任、合作的整体环境，促使教师和学生都能在这样的氛围中实现全面发展。

（一）学校领导

学校领导需要以身作则，体现尊重和信任教师的管理风格。尊重和信任教师不仅是言辞上的鼓励，更应体现在实际的管理举措中。具体来说，学校领导可以通过以下几种方式来实现目标。

1.赋予教师自主权

学校领导应赋予教师足够的教学自主权，让教师在教学方法和课程设计上有更多的自由。这种自主权的赋予，不仅能激发教师的创造力和责任感，还能使教师根据学生的具体需求和实际情况，设计出更有效的教学活动。例如，教师可以自主选择教学资源，设计跨学科项目，甚至在评价标准上有一定的灵活性。

2.支持教师创新

学校领导应鼓励教师在教学中进行创新尝试，给予必要的资源和支持。例如，可以设立教学创新基金，资助教师采用新的教学方法和开展项目实验。同时，学校应提供专业发展机会，如参加培训、研讨会和学术交流活动，让教师不断更新知识，掌握最新的教育理念和技术。

3.建立沟通平台

学校领导应建立开放的沟通平台，定期与教师交流，听取他们的意见和建议。这不仅有助于了解教师的实际需求和困难，也能增强教师对

学校管理的认同感和归属感。通过定期的教师会议、座谈会和匿名意见箱，学校领导可以更全面地了解教师的工作状况和心声。

除了对教师的支持，构建支持性的学校文化还应关注学生的全面发展。学校不仅要关注学生的学业成绩，还应重视他们的身心健康和综合素质培养。

（1）注重学生的身心健康

学校应建立完善的心理健康支持体系，为学生提供心理咨询和辅导服务，帮助他们应对学习和生活中的压力。此外，应定期开展心理健康教育活动，增强学生的心理健康意识和提高自我调节能力。学校也应营造一个安全、包容的校园环境，让学生在友好的氛围中健康成长。

（2）丰富的课外活动和实践机会

学校应为学生提供丰富的课外活动和实践机会，促进他们的全面发展。例如，可以组织各种社团活动、体育比赛、艺术表演和志愿服务等，让学生在参与中发展兴趣爱好，培养团队合作和领导能力。同时，学校还应鼓励学生参与社会实践，如参观工厂、参加社会调查、进行职业体验等，让他们在实际操作中增长见识，培养实践能力和社会责任感。

学校可以构建一个支持性的文化环境，使教师和学生都能在其中充分发挥潜能，健康成长。这种文化的建立不仅有助于提高教育质量，更能为学生的未来发展奠定坚实的基础。

（二）科学的评价体系

在本真教育中，建立科学的评价体系是促进学生全面发展的关键。传统的评价体系往往以单一的考试成绩为主，忽视了学生在学习过程中的努力和进步。而科学的评价体系注重过程性评价和多元化评价，通过全面了解学生的学习过程、学习态度和综合素质，激励他们不断进步。

首先，过程性评价是科学评价体系的重要组成部分。过程性评价强调在学习过程中对学生进行持续的、动态的评价，而不是仅仅关注终结性的考试成绩。具体包括以下措施。

1. 课堂表现评价

教师应关注学生在课堂上的表现，包括他们的参与度、合作能力、问题解决能力等。通过观察学生的课堂行为，教师可以及时了解学生的学习状况，给予个性化的指导和帮助。例如，可以通过课堂讨论、小组合作和项目展示等活动，评估学生的学习进度和思维能力。

2. 学习日志和反思

鼓励学生定期记录自己的学习日志，反思学习过程中的得失。通过学习日志，学生可以总结自己的学习经验，发现学习中的问题，并制订改进计划。教师也可以通过阅读学生的学习日志，了解他们的思维过程和学习态度，给予有针对性的反馈和建议。

3. 项目和作业评价

项目和作业是过程性评价的重要工具。教师可以设计一些开放性的问题和项目，让学生在实际操作中展示他们的知识和技能。通过对项目和作业的评价，教师可以了解学生的应用能力、创新能力和团队合作能力。

多元化评价是科学评价体系的另一重要方面。多元化评价不仅关注学生的学术成绩，还关注他们的综合素质和个性发展。具体包括以下措施。

（1）多维度评估

在评价学生时，教师应从多个维度进行综合评估。例如，可以通过学科考试、能力测试、行为观察、同伴评价、家长反馈等多种方式，全面了解学生的表现。这样的多维度评估，可以更加客观地反映学生的实际水平和发展潜力。

（2）个性化评价

教师应关注学生的个体差异，采取个性化的评价方式。对于不同的

学生，可以设定不同的评价标准和目标。例如，对于学习有困难的学生，评价可以更多地关注他们的努力和进步；对于学有余力的学生，可以更多地关注他们的创新能力和思维深度。个性化评价可以激励每个学生在原有的基础上不断进步，发挥自己的特长和潜力。

（3）综合素质评价

科学的评价体系应全面关注学生的综合素质，包括他们的品德、心理素质、社会责任感、艺术素养等。例如，可以通过组织各种活动和比赛，评估学生的领导能力、团队合作能力和创新精神。同时，教师还可以通过观察学生的日常行为，了解他们的道德品质和社会责任感。

通过建立科学的评价体系，学校可以更加全面地了解和评价学生的发展状况，帮助他们认识到自己的优势和不足，激励其不断进步。科学的评价体系不仅有助于提高教育质量，更能促进学生的全面发展，为他们的未来成长奠定坚实的基础。

四、家校合作与社会支持

（一）加强家校合作

家校合作是本真教育发展的重要组成部分，因为家长在学生教育中扮演着至关重要的角色。为了充分发挥家长在学生发展中的积极作用，学校应通过多种途径加强与家长的沟通与合作，形成强有力的教育合力。家校合作不仅能够为学生提供更全面的支持，还能促进家长对学校教育理念和教学方法的理解和认同。

通过定期召开家长会，学校可以向家长汇报学生在校的表现和进步，分享学校的教育理念和教学计划。家长会不仅是信息传递的平台，更是家长与教师互动的机会。家长可以在会上提出自己的疑问和建议，与教师进行深入的交流。这种互动有助于家长更好地了解学校的教学目标和方法，从而在家庭教育中与学校教育保持一致。学校可以定期组织家长开放日活动，邀请家长参观校园，观摩课堂教学，体验学校的教育环境和教学氛围。在家长开放日，家长可以亲身感受到学校的教育理念和教学实践，看到教师的教学风格和学生的学习状态。通过这种直观的体验，家长对学校的教育工作会有更深的理解和认同，增强对学校的信任和支持。

学校也可以组织和鼓励家长参与各种志愿者活动，如课外活动的指导、校园活动的组织、班级管理的协助等。家长志愿者不仅能为学校的教育活动提供实际帮助，还能在参与过程中更深入地了解学校的运作和教学情况。通过志愿者活动，家长与学校之间的联系更加紧密，合作关系更加融洽。

为了确保家校合作的有效性，学校还应建立一套完善的沟通机制。除了定期的家长会、开放日和志愿者活动，学校应利用现代信息技术，建立便捷的沟通渠道，如家校联系平台、电子邮件、家长微信群等。这些沟通渠道可以实现信息的及时传递和互动，让家长随时了解学生的在校情况，及时反馈家庭教育中的问题和需求。在家校合作中，学校还应重视家长的教育能力提升。通过组织家长培训班、讲座和工作坊，学校可以帮助家长了解现代教育理念和科学的家庭教育方法，提高他们的教育素养和能力。例如，可以邀请教育专家为家长讲解儿童心理发展、家庭沟通技巧、学习习惯培养等方面的知识，使家长在家庭教育中更加专业和有效。

家校合作的核心目标是形成教育合力，共同促进学生的全面发展。在这一过程中，学校和家长应明确各自的角色和责任，建立平等、互信、合作的伙伴关系。学校应尊重家长的意见和建议，积极听取家长的需求和反馈；家长应支持学校的教育工作，积极参与学校的各项活动，配合学校的教育安排。只有通过这种紧密的合作和协调，才能为学生创造一个良好的教育环境，促进他们在学业、品德、心理等方面的全面发展。

（二）争取社会支持

本真教育的发展离不开社会各界的支持和参与。社会支持不仅包括物质资源的提供，还包括社会环境的优化和教育理念的传播。通过积极争取社会资源，学校可以为学生提供更多的实践机会和学习资源，促进学生的全面发展。同时，社会各界的关注和支持也能共同营造良好的教育环境，为本真教育的发展提供强有力的保障。

学校与社区的合作是争取社会支持的重要途径之一。社区是学生生活和学习的重要环境，学校应积极与社区建立密切的合作关系，共同推动教育事业的发展。学校可以利用社区的资源，组织学生参与各种社会实践活动，如社区服务、环保行动、文化活动等。这些活动不仅丰富了学生的学习内容，还增强了他们的社会责任感和实践能力。此外，社区也可以为学校提供支持，如提供场地、设施和人力资源，支持学校的教育活动和基础建设。

企业合作是另一个争取社会支持的重要方面。企业在社会中具有丰富的资源和广泛的影响力，学校可以通过与企业合作，为学生提供更多的学习机会和实践平台。企业可以通过捐资助学、设备捐赠、奖学金设立等方式，支持学校的教育事业发展。同时，学校可以邀请企业家和专业人士到校讲座、开设课程、进行职业指导，帮助学生了解职场知识和职业发展路径。企业还可以提供实习和实践机会，让学生在实际工作环境中锻炼技能、积累经验。

社会团体和非政府组织也是学校争取社会支持的重要合作伙伴。社会团体在教育、公益、文化等领域有着丰富的资源和专业知识，学校可以通过与这些组织展开合作，为学生提供多样化的学习和成长机会。例如，学校可以与环保组织合作，开展环境教育项目；与文化团体合作，组织艺术展览和文化活动；与公益组织合作，参与社会公益项目。这些合作不仅能拓宽学生的视野，提升他们的综合素质，还能培养他们的社会责任感和公益心。

为了有效争取社会支持，学校还应注重教育理念的传播和社会影响力的提升。学校可以通过组织开放日、教育展览、公众讲座等活动，向社会展示学校的教育成果和特色，传播本真教育的理念和价值观。同时，学校应积极利用媒体平台，通过新闻报道、网络宣传、社交媒体等途径，扩大教育影响力，赢得社会的关注和支持。社会支持的关键在于形成合力，共同推动教育事业的发展。在这一过程中，学校应主动作为，积极联系和协调各方资源，建立长期稳定的合作关系。社会各界也应认识到教育事业对社会发展的重要性，积极参与和支持教育工作。只有全社会共同努力，才能为本真教育的发展创造良好的环境，推动教育质量的全面提升。

第三章　本真教育教学设计

　　本真教育的教学设计在现代教育发展中占据重要地位，体现了新课程对教学方法的革新需求，强调"用教材教而非教教材"。这种教学设计对于学生的有效学习和核心素养的培养起到了深化课程改革的重要作用。基于科学的儿童观和人性观，本真教育教学设计采用先学后教和学行结合的理念，注重组织学生的本真学习活动，推动教学的网络化和大数据化发展，以提高教学质量为核心目标。

第一节　本真教育的教学原理

　　本真教育追求校本化，教育思想家、哲学家卡尔·雅斯贝尔斯曾提出："人类的将来，取决于本真教育能否成功。"[①] 人民教育家、思想家陶行知先生说："千教万教教人求真，千学万学学做真人。"[②] 面对基础教育全面素质化的教育发展，让教育回归本真，尊重本性，更好地因材施教，

---

① 李桂荣.让学生站在课堂中央 [M].北京：大象出版社,2021：22.
② 李桂荣.让学生站在课堂中央 [M].北京：大象出版社,2021：22.

实施校本化的教育教学，才能做到真智慧、真教育、真课堂。[①]真智慧指的是在尊重事物本身规律的基础上进行思考和实践，并能够对事物的变化产生积极影响的智慧。这种智慧不仅仅是理论上的认识，更是实践中的有效应用，体现了对事物内在规律的深刻理解和灵活运用。在教育领域，真智慧意味着教师能够洞察学生的个性和需求，因材施教，帮助学生在认知和实践中不断成长。真教育是一种立本求真的教育，以人为本，旨在促进人的全面发展。这种教育理念强调尊重每个学生的独特性和个性，关注他们的身心健康和全面成长。真教育不仅关注知识的传授，更重视学生道德、情感、社会能力和创造力的培养，致力于培养全面发展、富有个性和社会责任感的人才。真课堂是在本真教育理念的指导下，注重学生求真精神和培养学生真实做人的课堂。在这样的课堂中，学生被鼓励主动探索、质疑思考，教师则通过引导和支持，帮助学生发现问题、解决问题。在真课堂中，学生不仅学习知识，更学习如何成为一个真实、诚实、有责任感的人。

本真教育的核心是人的自主、自由、自觉发展，强调回归教育的本义，即促进每个学生的个性化和社会化的完美统一。本真教育活动重视学生的自然状态，尊重他们的天性和发展规律，提倡在真实的教育情境中进行教学活动，追求教育的根本和真实。

一、本真教育的生命之本

"本真"一词具有丰富的语义内涵，既可理解为原始的、基础的、根源的，也可理解为自我的、当下的。在本真教育的语境下，"本真"既指人的生命的根源，又指人的生命的基础。本真教育强调尊重生命活动的规律，认为教育与人的生命活动密不可分，主张教育的源点在于生命活

---

① 薛萍，杭元康 . 小学本真教育校本化探索与实践 [M]. 重庆：重庆大学出版社 ,2020：19.

动的健康与延伸，教育是生命发展的必需品。

　　生命是一种新陈代谢活动，体现在细胞的分裂与功能的组合上。生命的根源在于生物体的新陈代谢，而其基础源于大自然的基本元素，如水和蛋白质有机物。这些基本元素构成了生命活动的物质基础，支持着生物体的生长与发展。本真教育尊重并遵循人的生命活动规律，强调教育与生命活动的紧密联系。生命活动的健康与延续是教育的出发点和归宿。教育不仅是知识传递的过程，还对生命活动发挥支持和促进作用。因此，教育必须关注生命活动的各个方面，包括身体健康、心理健康以及社会适应能力。

　　人的生命发展体现为生物的生长性、生命活动的节律性、神经活动性以及社会实践活动的行为社会性。这些方面共同构成了人类完整的生命活动体系。生物的生长性指的是个体在其生命周期中的生长与发育过程。教育应当重视个体的生理发展阶段，提供适宜的教育内容和形式，以促进其健康成长。例如，儿童期的教育应注重体能发展和运动能力的培养，而青少年期应更加关注心理健康和社会适应能力的提升。生命活动的节律性反映了生物体在时间上的周期性变化，例如昼夜节律、季节变化等。教育应当尊重和利用这些生理节律，为学生安排合理的作息时间和学习节奏，避免过度疲劳或不规律作息对学生健康产生负面影响。神经活动性是指神经系统在感知、反应和调控生命活动中的重要作用。教育在这一方面应当注重感知觉的训练、认知能力的培养以及情绪管理的引导。通过科学的教学设计，教育可以有效促进学生的神经活动功能的实现，提高其学习效率和心理健康水平。

　　人的社会实践活动的行为社会性体现了个体在社会环境中的适应性和互动能力。教育应当重视学生的社会性发展，培养其社会交往能力、合作精神和社会责任感。通过集体活动、社会实践等形式，教育可以帮助学生更好地融入社会，形成积极健康的社会行为模式。基于人的生命存在和活动能力，本真教育主张根据生命发展的实际需求选择教育内容与形式。具体来说，教育内容应涵盖生物学基础知识、健康教育、心理辅导以及社会实践等方面，以全面支持学生的生命活动和发展。同时，教育形式应灵活多样，既包括课堂教学、实验操作，又包括户外活动、社会调查等。

本真教育的生命之本强调教育与生命活动的密不可分，教育必须以尊重和促进生命活动为核心。通过关注生物的生长性、生命活动的节律性、神经活动性以及社会实践活动的行为社会性，本真教育能够更好地支持学生的全面发展。教育内容与形式的选择应以生命存在和活动的能力为依据，旨在实现生命的健康发展和个体的全面成长。

二、本真教育的生活之本

生活不仅是生存的基础，更是人类为了生存和发展而进行的各种活动的总和。人类的生活包括自然生命活动以及作为社会存在而进行的学习、工作、休闲、社交、娱乐等活动。探讨本真教育的生活之本，必须深刻理解人的生活的复杂性和多样性，认识到人的生活既包括社会化的过程，也涵盖个性化的实践。本节将从生活的本质、社会化与个性化生活的双重维度、本真教育的适应性及其目标等方面深入阐述本真教育的生活之本。

生活是一种多维度的存在形式，它不仅指人类作为生物体进行的自然生命活动，如呼吸、饮食和运动等，更指人类作为社会存在而进行的丰富多样的社会活动。生活的本质在于其动态性和多样性，涵盖了生理、心理、社会和文化等多个层面，是人类生存和发展的基本表现形式。在自然生命活动层面，生活体现为人类生物体的基本需求和生理过程，这些过程包括新陈代谢、能量摄取、细胞分裂和生长等。这些活动是人类生命存在的基础，但并不能完全概括生活的全貌。更为重要的是，作为社会存在的人类，其生活涵盖了广泛的社会互动和文化活动，包括学习、

工作、休闲、娱乐、社交等，这些互动和活动共同构成了人的全面生活体验。

人的生活可以分为社会化生活和个性化生活两个主要方面。社会化生活是指人在各种社会生活中依据社会规范和行为准则进行的活动。这种生活强调个体在社会系统中的角色和责任，包括遵守法律法规、履行社会义务、遵循道德规范等。例如，依法行事、依礼而行等都是社会化生活的重要表现。这种生活形式体现了人类作为社会动物的本质，强调了人与社会之间的相互依存关系。

个性化生活指每个人在生活中表现自我、完善自我的差异性生活方式。这种生活方式强调个体的独特性和自主性，每个人根据自己的兴趣、爱好、价值观和目标来选择和实践生活方式。个性化生活是个体对社会生活的独立选择和主动参与，不仅反映了个人的内在需求和心理状态，还体现了个人对社会环境的独特反应和适应过程。

本真教育的生活之本在于教育必须适应并促进人的社会化生活和个性化生活的发展。教育应当在尊重和理解生活本质的基础上，帮助个体在社会化和个性化生活中获得平衡与成长。首先，教育应当关注并促进人的社会化生活。在这一过程中，教育不仅要传授知识和技能，还应注重培养学生的社会责任感、道德意识和公民素养。通过教育，学生应能够理解并遵守社会规范，具备依法行事的能力和依礼而行的行为准则。其次，教育在促进社会化生活方面的目标是培养合格的社会成员，使他们能够有效地参与社会生活，承担社会责任，并在社会中找到自己的位置。最后，教育应当尊重和支持人的个性化生活。每个人都有其独特的兴趣、爱好和发展需求，教育应当为个体提供多样化的学习机会和发展空间，帮助他们发现和发挥自己的潜能。教育在个性化生活中的角色是激发学生的自主性和创造力，支持他们根据自己的兴趣和目标进行学习和实践，从而实现个人的全面发展和自我完善。

本真教育的生活之本要求教育具有高度的适应性。教育应当根据人的生活规律和发展需求，不断调整和优化教育内容、方法和环境，以适应社会化生活和个性化生活的双重需求。这种适应性体现在以下几个方面。

（一）教育内容的多样化

教育内容应当涵盖广泛的知识领域和各项技能培训，包括自然科学、人文社会科学、艺术和体育等。通过多样化的教育内容，学生可以全面了解世界，拓宽视野，培养多方面的能力和素养。

（二）教育方法的灵活性

教育方法应当灵活多样，能够根据学生的不同需求和兴趣进行调整。传统的课堂教学应与探究式学习、项目式学习、体验式学习等多种教学方法相结合，以提高教学效果和学生的参与度。

（三）教育环境的开放性

教育环境应当开放、包容，为学生提供自由探索和创新的空间。学校应当成为一个充满活力和创造力的学习共同体，鼓励学生在安全性和支持性的环境中进行自主学习和实践活动。

（四）教育评价的多元性

教育评价应当注重过程性评价和多元化评价，关注学生的全面发展和个性化成长。评价标准应当多元化，包括学术成绩、实践能力、社会责任感、创新精神等多个方面。

本真教育的最终目标在于提高人的生活质量，促进人的全面发展。通过教育，学生不仅能够获得知识和技能，还能够培养良好的社会适应能力和个性化发展能力。教育应当帮助学生在社会化生活和个性化生活中找到平衡点，使他们能够在不断变化的社会环境中保持自我，实现自我价值和社会价值的统一。

本真教育的生活之本强调教育必须适应并促进人的社会化生活和个

性化生活的发展。通过尊重和理解生活的本质，关注社会化生活和个性化生活的双重维度，教育能够帮助个体在社会中找到平衡与成长的路径。本真教育要求教育具有高度的适应性，通过多样化的内容、灵活的教学方法、开放的教育环境和多元的评价体系，促进学生的全面发展和生活质量的提高。

三、本真教育的学校之本

学校作为集社会主义思想教育、科学知识教育、文学艺术教育和劳动教育等多功能于一体的场所，承担着学生成长和社会化、个性化的重要职责。现代学校之本，特别是在落实立德树人根本任务的素质教育理念下，应当将思想政治工作贯穿教育教学全过程，达到全程育人、全方位育人的目标，从而促进学生的全面发展。本真教育重视学校之本，强调育人先育德，成才先成人，结合学校的校本课程资源、校园文化建设、师资队伍等多方面要素，致力于培养学生的修养素养，让学生养成良好的生活、行为和学习习惯。

在本真教育理念下，学校的首要任务是把思想政治工作贯穿于教育教学的全过程。通过系统的思想政治教育，学生不仅能够树立正确的世界观、人生观和价值观，还能形成良好的道德品质和社会责任感。这种全程育人模式要求学校在日常教学中，将思想政治教育与各学科知识有机融合，使学生在学习科学文化知识的同时，内化社会规范和价值观念，达到立德树人的根本目标。

校本课程是本真教育的重要组成部分。通过校本课程，学校能够根据自身的实际情况和学生的具体需求，设计和实施具有地方特色和学校特色的教育内容。校本课程不仅丰富了学生的学习内容，也增强了教育的针对性和实效性。同时，校园文化建设也是本真教育的关键环节。通过建设积极向上、富有特色的校园文化，学校可以营造良好的育人环境，潜移默化地影响学生的行为和价值观。学校的文化氛围不仅体现在硬件设施上，更体现在校风、学风和教师的教风上。通过校园文化建设，学校可以有效提升学生的审美情趣、人文素养和社会责任感。

教师是本真教育的实施者和引领者，因此，师资队伍的建设尤为重要。学校应注重教师的专业素养和道德修养，提供更多的专业发展机会和良好的工作环境，激发教师的教育热情和创造力。通过持续的培训和学习，教师能够不断提升自身的教育水平和教学能力，从而更好地指导和帮助学生成长。在教育实践中，教师应关注学生的个性差异，实施差异教育和因材施教，通过网络化教育、心理教育等多种手段，满足学生的多样化需求，促进他们的全面发展。

本真教育强调学生修养、素养的培养，旨在通过系统的教育活动，帮助学生养成良好的生活、行为和学习习惯。教育不仅要传授知识，还应注重学生的品德修养和行为规范。通过成功教育和赏识教育，学校可以激发学生的学习兴趣和自信心，帮助他们树立积极向上的人生目标。差异教育关注学生的个体差异，根据每个学生的特点和需求，提供个性化的教育指导和支持，帮助他们在各自的优势领域中取得成功。网络化教育利用现代信息技术，为学生提供更加灵活和多样化的学习资源和平台，增强学习的自主性和灵活性。

本真教育主张让学生的学习充满快乐，让学生的生活充满阳光。学校应致力于营造一个充满关爱、尊重和支持的教育环境，使学生在积极向上的氛围中愉快学习和健康成长。通过丰富多彩的课外活动和实践活动，学生不仅可以拓宽视野，增长知识，还可以在团队合作中锻炼自己的社交能力和实践能力。心理教育则关注学生的心理健康，通过专业的心理辅导和支持，帮助学生解答成长中的困惑和缓解压力，培养他们积极的心理品质和健全的人格。

本真教育让学校呈现出生命的内涵，成为学生成才的动力源泉。学校不仅是知识的传递者，更是学生成长的引导者和支持者。通过有针对

性、差异性的教育方法，学校能够帮助每个学生找到适合自己的发展路径，激发他们的内在潜力和创造力。同堂异步的教学模式关注学生的个体差异，允许学生根据自己的学习进度和节奏进行学习，避免"一刀切"的教育方式，真正实现因材施教。

　　本真教育的学校之本强调教育的根本任务在于立德树人，促进学生的全面发展。通过将思想政治工作贯穿于教育教学全过程，学校实现全程育人、全方位育人；通过校本课程和校园文化建设，学校为学生提供丰富的学习资源和积极向上的教育环境；通过师资队伍建设和教育实践，教师成为学生成长的引领者和支持者；通过修养、素养的培养和心理教育，学生养成良好的生活、行为和学习习惯，获得全面的发展；通过营造阳光和快乐的学校生活，学生在积极向上的氛围中健康成长。

第二节　本真教育的教学理念

　　教学理念是教育活动中关于如何教与学的一系列基本观念和信仰。它不仅反映了教育者对教学的深层理解，还体现了他们对教学实践的基本态度。教学理念对教师的教学行为具有深刻的指导作用。

　　教学理念可以显著影响教师对学生的看法及其对教学内容和方法的选择。当前流行的教学理念强调"以学生为中心"，主张"一切为了学生的全面发展"。在这种理念指导下，优质的教学应当能促进学生在道德、智力、体育、美育和劳动教育等多方面的均衡发展，旨在培养具有全面能力的人才。教师的教学质量，从根本上说，取决于学生能力的全面提升和个人素质的整体提高。教学理念强调教学的效益性，要求教师具备对时间和成果的敏感性。目前广受教师认同的一种教学理念是"有效教学"。该理念强调在符合时代需求和学生个性发展的条件下，追求教学过程中的高效率。这一理念要求教师了解并运用各种教学策略，例如课前准备策略、课堂上促进学生主动学习的引导策略等。在有效教学理念中，"有效"指的是教师在一定时期内的教学活动能够带给学生具体的进步和发展，其核心在于以"学生为本，先学习后指导，注重全面发展"。教学理念还特别强调教学活动的可测性和量化。它要求教学目标应尽可能明确具体，以实现可以有效检测和评价教师的教学效果。教学的评估应结合定量与定性的方法，全面考量学生的学业成就和教师的工作表现。这种综合评估，可以更准确地把握教学质量和效果，从而优化教育过程和成果。

本真教育体现了个性化与社会化的完美统一。这种教育形式尊重生命的本质，以人为核心，追求道德善良，遵循自然规律，并尊崇科学。在探索真理和美学的过程中，本真教育致力于追求善，从而推动个体的全面发展。这是一种促进人的自主、自由和自觉发展的教育方式。本真教育的核心教学理念涵盖三大要素：以学生为主体、以问题为中心、以发展为目标。

一、以学生为主体

本真教育的核心教学理念之一是将学生视为学习和发展的主体。这一理念的实施意味着教学活动不仅是知识的传授过程，还是一个以学生为中心的互动与成长过程。在这种教育模式中，学生不再是被动接受知识的容器，而是认知和发展的主动参与者。这种转变基于对学生个性和能力的深刻理解，认为每个学生都具有独立人格、主观能动性和自我发展的潜力。因此，教育的目的不是知识的灌输，而是培养学生的全面能力，使他们能够在不断变化的世界中自主地学习和生活。

将学生作为教学的主体，意味着教育过程必须尊重和响应学生的个

性化需求。教育者应当从学生已有的知识水平、兴趣和学习方式出发，设计符合其发展阶段的教学策略和活动。这要求教师具备高度的敏感性和创造力，能够根据学生的反馈调整教学方法，确保教学活动能激发他们的内在动机和积极参与。例如，通过项目式学习、探究式学习等教学模式，让学生在真实的情境中解决问题，发展批判性思维和解决问题的能力。这种以学生为中心的教学方式有助于他们认识到学习的实际意义和应用价值，从而更加积极地参与到学习中。

本真教育强调学生的自主性、自由性和自觉性。学生作为学习的主体，应当拥有自主选择学习内容和方式的权利，这不仅是对其主观能动性的尊重，也是对其个体差异的肯定。在教学设计中，教师需要提供多样化的学习材料和丰富的学习活动，以适应不同学生的学习需求和偏好。此外，学生在学习过程中应当拥有表达和评价的权利，这包括对学习内容、教学方法及学习成果的评价。通过这种方式，学生不仅能够参与到教学设计中，还能通过反思和评价促进自我发展。教育的最终目标是促进学生的全面发展。在本真教育理念中，学生的发展不仅限于学术成就，还包括情感、社会性、身体和美育等方面的成长。教育者应当通过提供多样化的教育资源和环境，支持学生在这些领域的探索和成长。通过这样的教学实践，本真教育旨在培养学生成为情感丰富、具有独立思考能力和社会责任感的全面发展的个体。

本真教育中的"学生是主体"的理念不仅要求教学活动设计上的创新，也挑战了传统教育的权威主义模式，提倡一种更加平等、开放和有参与性的教育环境。

二、以问题为中心

以问题为中心的教学理念强调围绕问题开展教育活动，旨在通过问题的提出、分析和解决来促进学生的认知发展和能力提升。相比于传统的学科中心教学理念，以问题为中心的教学更注重提高学生的参与性和主动性，通过设定适当难度的问题，激发学生的探究兴趣和解决问题的积极性。

这种教学理念的核心在于通过"提问—讨论—回答—点评"四个环节进行教学设计和组织。教师在教学过程中扮演的是引导者和服务者的角色，旨在通过提出问题，引导学生思考和讨论，并通过回答和点评，促进他们对知识的深刻理解和应用能力的提升。首先，问题的提出是整个教学活动的起点。教师需要根据教学目标和学生的认知水平，设计出适合的问题。问题的难度应适中，既不能过于简单，以致学生无须思考即可回答，也不能过于复杂，以致学生难以理解和解决。适中的问题能够激发学生的探究兴趣，使他们在思考和讨论中逐步提高认知水平和解决问题的能力。其次，讨论环节是学生思维碰撞和观点交流的重要阶段。在这一环节中，教师应鼓励学生积极发表自己的见解，并通过小组讨论或全班讨论的形式，促进学生之间的交流和合作。通过讨论，学生可以在互相启发中逐步完善自己的思维，并在多角度的思考中深化对问题的理解。教师在这一环节中的作用是引导和点拨，帮助学生厘清思路，消除思维中的障碍。再次，回答环节是学生展示自己思考成果的阶段。在这一环节中，教师应给学生充分的表达机会，让学生通过口头或书面形式回答问题。在回答过程中，教师应注重对学生思维过程的引导，关注学生是如何分析和解决问题的，而不仅仅只注重答案。通过对学生回答进行分析，教师可以了解学生的思维过程和认知水平，从而为下一步的教学提供依据。最后，点评环节是教师对学生思维成果的总结和反馈。在这一环节中，教师应对学生的回答进行全面的分析和评价，指出其中的优点和不足，并提出改进建议。通过点评，学生可以在教师的引导下，反思自己的思维过程，发现并改正思维中的不足之处，进一步提高自己的认知水平和解决问题的能力。

在以问题为中心的教学模式中，教师不仅是知识的传授者，更是学

生学习的引导者和服务者。教师应通过精心设计的问题，引导学生进行深入的思考和讨论，帮助他们在解决问题的过程中逐步提高自己的认知水平和能力。同时，教师应注重学生思维过程的引导和评价，通过对学生思维成果的分析和点评，帮助学生发现和改进思维中的不足之处，进一步提高学生的认知水平和解决问题的能力。通过设定适当难度的问题，激发学生的探究兴趣和解决问题的积极性。这种教学模式不仅有助于提高学生的认知水平和能力，更有助于培养他们的批判性思维和创造性思维，为其未来的发展打下坚实的基础。

在教学过程中，教师应根据学生的认知水平和学习需求，精心设计和组织教学活动，确保每个教学环节的有效实施。在问题的设计上，教师应注重问题的情境化和实践性，通过设置与学生生活和学习密切相关的问题，激发学生的学习兴趣和探究欲望。在讨论和回答环节，教师应注重学生的参与和互动，通过小组讨论和全班讨论的形式，促进学生之间的交流和合作。在点评环节，教师应注重对学生思维过程的引导和评价，通过全面的分析和评价，帮助学生发现思维中的不足并进行改进。

以问题为中心的教学理念不仅是一种教学方法，更是一种教育思想和理念。它强调以学生为中心，注重学生的主动参与和思维发展。通过设定难度适当的问题，激发学生的探究兴趣和解决问题的积极性。这种教学模式有助于提高学生的认知水平和能力，培养学生的批判性思维和创造性思维，为学生未来的发展打下坚实的基础。

三、以发展为目标

以发展为目标的教学理念是一种以学生整体发展为核心的教育理念。该理念强调学生在教学影响下，通过学习实践活动，不断提高个体学习能力与学习品质，并积累知识和经验。发展是一个以量变到质变、从低水平向高水平变化的过程，现代教育论认为，人的发展本质上是通过实践不断自我建构的过程。立德树人作为新时期教育的主要任务，强调学生的发展要高度重视核心素养的发展。核心素养是指学生应具备的能够适应终身发展和社会发展需要的必备品格和关键能力。

在以发展为目标的教学理念中，教学不仅是知识的传授，更是学生全面发展的过程。教学活动应以学生核心素养的发展为主要目标，通过科学设计和有效实施，帮助学生在认知、情感、意志等方面得到全面发展。具体而言，教学活动应注重以下几个方面。

第一，教学内容的选择和设计应围绕学生核心素养的发展目标进行。教师应根据学生的认知水平和发展需求，选择和设计适合的教学内容，确保其既有利于知识的传授，又能促进学生核心素养的发展。例如，在科学教学中，教师可以通过引导学生进行科学探究，培养他们的科学精神和实践创新能力；在文学教学中，教师可以通过引导学生进行文学作品的阅读和分析，培养他们的人文底蕴和责任担当意识。

第二，教学方法和手段的运用应注重学生的自主发展和社会参与。现代教育强调学生是学习的主体，教师应通过多样化的教学方法和手段，激发学生的学习兴趣和主动性，促进他们的自主发展和社会参与。例如，教师可以通过项目式学习、探究式学习、合作学习等方法，引导学生在实际问题的解决过程中，培养自主学习和社会参与的能力。同时，教师应注重教学手段的多样化和现代化，通过信息技术和多媒体手段，丰富教学内容和形式，增强教学的吸引力和实效性。

第三，教学评价的设计和实施应注重过程性评价和发展性评价。传统的教学评价往往侧重于结果评价，忽视了学生在学习过程中的进步和发展。以发展为目标的教学理念强调，教学评价应关注学生在学习过程中的表现和发展，注重过程性评价和发展性评价。例如，教师可以通过观察、记录、反思等方式，了解和评价学生在学习过程中的表现和进步，及时给予反馈和指导，帮助他们发现和解决学习中的问题，提高学习效果。

第四，教师的角色和职责也应体现以发展为目标的教学理念。在这种教学理念下，教师不仅是知识的传授者，更是学生学习的引导者和支持者。教师应通过精心设计和组织教学活动，帮助学生在学习过程中不断提高认知水平和能力，促进学生的全面发展。同时，教师应注重与学生的沟通和交流，了解学生的学习需求和发展状况，及时给予帮助和支持，帮助学生克服学习中的困难，获得更好的发展。

第五，学校和教育管理者应为以发展为目标的教学理念的实施提供有力支持。学校应根据学生的发展需求，制订科学合理的教学计划并设置课程，为教师的教学活动提供充分的资源和条件保障。同时，教育管理者应通过政策引导、培训支持、评价监督等方式，推动以发展为目标的教学理念在学校中的有效实施，促进学生的全面发展。

以发展为目标的教学理念是一种以学生全面发展为核心的教育方法，通过科学设计和有效实施教学活动，促进学生在认知、情感、意志等方面的全面发展。在这种教学理念下，教师应注重教学内容的选择和设计，围绕学生核心素养的发展目标进行；注重教学方法和手段的运用，激发学生的学习兴趣和主动性，促进学生的自主发展和社会参与；注重教学评价的设计和实施，关注学生在学习过程中的表现和发展，进行过程性评价和发展性评价；注重教师角色和职责的转变，以成为学生学习的引导者和支持者；注重学校和教育管理者的支持，为教学活动的有效实施提供有力保障。

通过这种以发展为目标的教学理念的实施，学生不仅能够在文化课上得到提升，更能够在核心素养上得到全面发展，从而为适应终身发展和社会发展的需要打下坚实的基础。教师应不断探索和实践这种教学理念，提高教学效果和学生的全面发展水平，为教育事业的发展作出积极贡献。在具体的教学实践中，教师应根据学生的实际情况，灵活运用以发展为目标的教学理念，确保教学活动的有效实施。通过不断探索和实践，教师可以不断完善教学方法，提高教学效果，帮助学生在学习过程中逐步提高自己的认知水平和能力，促进学生的全面发展。以发展为目标的教学理念是一种注重学生全面发展的教育方法，通过科学设计和有效实施教学活动，教师可以帮助学生在学习过程中逐步提高自己的认知水平和能力，为学生未来的发展打下坚实的基础。

第三节　本真教育的教学模式

模式是指主体行为的一般方式，涵盖了如科学实验、经济发展、企业盈利以及课堂教学等多个领域。作为理论与实践之间的桥梁，它展现了一般性、简单性、重复性、结构性、稳定性及可操作性等特征。在教育领域，教学模式指为实现特定教学目的而设计的一套规定性教学策略。这一策略基于一定的教学思想或理论，形成了一种较为稳定的教学活动结构框架和程序。

学校在本真教育的实施过程中，特别强调构建以主动学习为核心的课堂教学模式。在这种模式下，学生的主动性和参与性被最大化，教学活动不再是单向传授，而是通过互动和探索，促进学生的全面发展和深入学习。这种教学模式通过结构化的框架和明确的教学步骤，有效地实现了教学理论与实际操作的结合，进而提升了教学效果和学生的学习效率。

一、教学模式概况研究

在教学方法的进一步深化中，高效课堂的理念及其应用成为教育研究的焦点，从而促使对课堂教学模式进行深入探讨。在历史上，教学模

式主要采用传统的"讲授—听取—阅读—记忆—练习"结构。然而，基于现代教育理论的教学模式展现出显著的变化，主要分为教师导向和学生中心两种模式。教师导向模式包括复习、激发学习兴趣、讲授新内容、巩固练习及定期复习等步骤；学生中心模式强调自主学习、小组讨论、启发式教学和总结性练习等环节。这些教学模式融合了特定的教育哲学，并在这些哲学的指导下进行课程设计，涵盖教学原则、教师与学生的互动结构、教学方法和工具等方面。一个有效的教学模式不仅需具备明确的方向性和可操作性，还应包含完整性、稳定性与灵活性等特质。构建一个新的教学模式，需要围绕理论基础、教学目标、操作步骤、实施条件和评估方法等多个维度进行深思熟虑的规划与实践。

二、教学模式的主要情况

本真教育提倡自主、自由、自觉地发展，注重学生的主体性，以问题为中心，强调智慧的解放。课堂教学模式以"学生主体，问题中心，发展本质"为宗旨，采用问题链导学的方法，强调问题的发现、解决和感悟。这种模式下的课堂教学要求回归生态，尊重学生的求知规律，重视教学过程的自然生成，践行自主、合作、探究和体验的学习方式，最终实现"三个变化"：在认知上，从学会到会学；在情感态度上，从厌学到乐学；在课堂质效上，从平淡低效到优质高效。

"四学"模式的构建以人本主义教育理论为指导，关注学生的经验，尊重学生的主动发展，激发其活力和潜能。该模式强调"先做后学，先学后教，少教多学，以学定教"，最终实现"不教而教"。"四学"中的各环节——自学、互学、展学、查学，分别对应自主、合作、探究和体验。自学强调自主性和独立性，互学强调交往性和互助性，展学强调开放性和探究性，查学强调诊断性和发展性。

在具体操作中，课堂教学采用"定向自学→交流展示→拓展深化→

巩固训练"四步递进的方式。定向自学要求学生在明确任务后自主学习，可以在课前或课上进行。交流展示阶段，学生将自学成果和问题在小组或全班分享，并结合口头和书面表达，设计问题链进行互相追问。拓展深化阶段，学生在教师的指导下，通过不同角度和方式解答问题，增强对知识的运用能力。巩固训练阶段，学生在知识运用过程中进一步明确问题，通过逐步深入的训练提高问题解决能力。

三、教学模式探究

（一）回归教学

本真教学模式的探究以回归教学原点为核心，强调真实、扎实和简化的教学形式。叶澜教授认为，一个好的课堂应追求"扎实、充实、丰实、平实、真实"，因为这反映了本真教学的基本要求。具体来说，这一模式强调以下几个方面。

本真教学强调真实，不追求虚假的完美。课堂应避免浮华和概念崇拜，切实关注学生的身心发展和认知规律，创造符合实际的教学环境。教学过程应当呈现出学生真实的学习状态，教师的教与学生的学都应该是发自内心、自然生成的。

教学应具有明确的学科属性。在本真教学模式下，各学科的教学应回归其本质特征。例如，语文教学应注重听说读写和文本解读，数学教学应强调逻辑思想和解题思路，理化教学应结合实验探究和生活运用。这些都是学科教学的核心内容，通过关注这些内容，可以更好地发挥各学科的独特价值。

本真教学模式提倡简化的教学形式，回归质朴。尽管处于数字化时代，板书仍然是一种重要的教学工具，可以帮助学生更好地理解和记忆知识。同时，在个性化学习中，小组合作也是不可或缺的。这种合作学习方式能够促进学生之间的交流和互助，提高学习效果。

本真教学模式通过回归教学原点，强调真实、学科属性和简化的教学形式，力求构建一个符合学生身心发展和认知规律的教学环境。这一模式不仅关注知识的传授，更重视学生学习过程中的真实体验和个性发展。通过扎实、充实、平实和真实的课堂实践，本真教学模式致力于提升教学质量，实现教育的本真价值。

（二）探究教学

探究教学的本质是以学生为中心，通过自主探究和合作学习来获取知识。这种教学方式强调学生的主动参与和自主发展，教师则成为引导者和支持者，提供必要的资源和指导，帮助学生发现问题、提出假设、进行实验和验证。

在本真教学模式中，探究教学强调学生的主体地位。传统教学模式以教师为中心，学生被动接受知识。然而，探究教学打破了这一局限，让学生成为学习的主角。学生通过自主探究，主动发现问题、提出问题，激发了自身的学习兴趣和求知欲。教师不再是单纯的知识传授者，而是学习过程中的引导者和支持者。教师需要提供必要的资源和指导，帮助学生在探究过程中获得有效的学习体验。学生被鼓励通过观察、思考和讨论，主动发现问题并提出假设。这一过程不仅培养了学生的观察能力和思维能力，还增强了他们的好奇心和探索精神。教师在这个过程中起到引导和启发的作用，通过适时的提问和引导，帮助学生发现更深层次的问题。

学生在发现问题后，需要根据已有知识和经验，提出合理的假设。这一过程不仅锻炼了学生的逻辑思维能力，还培养了他们的创新思维。教师在这个过程中需要提供适当的指导，帮助学生形成科学的假设，同时鼓励他们勇于创新，敢于提出与众不同的观点。

在本真教学模式中，学生通过实验来检验自己的假设，从而获取新的知识和技能。这一过程不仅培养了学生的动手能力和实践能力，还提高了他们的科学素养和问题解决能力。教师在这个过程中提供必要的实验资源和技术支持，同时帮助学生在实验中掌握科学的方法和技巧。探究教学注重培养学生的批判性思维和问题解决能力。学生在探究过程中需要不断反思和评估自己的假设和实验结果，从而形成批判性的思维方式。这一过程不仅锻炼了学生的分析能力和判断能力，还增强了他们的自我反省和自我完善能力。教师在这个过程中需要引导学生进行深度思考，帮助他们发现和解决问题，同时鼓励他们勇于挑战传统观点和权威。

在本真教学模式中，合作学习是探究教学的重要组成部分。学生通过小组合作，共同探讨和解决问题，不仅增强了他们的合作意识和团队精神，还提高了他们的沟通能力和协作能力。教师在这个过程中需要引导学生进行有效的合作，帮助他们学会倾听和尊重他人的意见，同时鼓励他们积极参与和贡献自己的观点。探究教学强调学生在实际操作中掌握知识和技能。在本真教学模式下，学生通过亲身实践获得直接的经验和感受，从而更好地理解和掌握知识。这一过程不仅增强了学生的学习效果，还培养了他们的实践能力和应用能力。教师在这个过程中需要提供适当的实践机会和指导，帮助学生在实际操作中掌握科学的方法和技巧，同时鼓励他们大胆尝试和创新。

（三）体验教学

本真教学模式中的体验教学通过实际体验和实践活动来促进学生的学习，这种方法注重学生的感知和体验，通过亲身实践帮助学生更好地理解和掌握知识，同时培养他们的综合素质和实践能力。体验教学的核心是让学生在真实情境中学习，使知识不再是抽象的概念，而是具体可感的经验。

在本真教学模式中，教师设计了丰富多样的体验活动，如实验、实地考察、角色扮演等。这些活动不仅丰富了课堂教学的形式，还增强了学生的参与感和兴趣。通过这些活动，学生能够将理论知识与实际生活

相结合，加深对所学内容的理解。例如，在科学课上，学生通过实验可以直观地观察化学反应的过程，理解反应原理；在地理课上，通过实地考察，他们可以真实地感受到地理环境的变化，了解地理知识的实际应用；在历史课上，通过角色扮演，学生可以体验不同历史人物的生活和思想，加深对历史事件的理解。

体验教学注重学生的亲身实践，强调在做中学。学生通过动手操作来获得直接的感知和体验，能够更深入地理解知识的内涵。这种方式不仅增强了学生的学习效果，还培养了他们的实践能力和动手能力。比如，在数学课上，学生通过解决实际问题来理解数学概念和原理；在艺术课上，他们通过创作和表演来感受艺术的魅力，培养艺术素养和创意能力。教师在设计体验活动时，需要根据课程内容和学生的兴趣特点，提供适当的实践机会，鼓励学生积极参与。

本真教学模式中的体验教学还注重学生的综合素质培养。在体验活动中，学生不仅能够学习到知识，还培养了观察力、思维力、创造力等多方面的能力。通过参与团队合作，他们学会了沟通和协作，增强了团队合作意识和能力；通过解决实际问题，他们培养了分析和解决问题的能力，增强了自信心和独立性；通过反思和总结，他们提高了自我评价和自我管理能力。教师在体验教学中，不仅要关注学生知识的掌握情况，还要注重他们能力的培养和素质的提升。

体验教学的一个重要特点是它的情境性。教师在设计体验活动时，应尽可能地将教学内容与学生的实际生活、社会环境相结合，使学习情境真实而富有意义。这样，学生能够在真实情境中进行学习，感受到知识的实际应用价值。例如，在环境教育中，教师可以带领学生进行社区环境调查，让他们亲身体验环境保护的重要性；在社会科学中，学生可以通过模拟法庭，了解法律程序和公民权利，增强法律意识和社会责任感。这种情境化的学习方式，使学生能够在真实的情境中进行探究和体验，从而更好地理解和运用所学知识。

　　本真教学模式中的体验教学强调学习的过程和方法，而不仅仅是结果。通过体验教学，学生学会了如何学习，掌握了有效的学习方法和策略。这种学习方法的掌握，不仅对当前的学习有帮助，对学生的终身学习也具有重要意义。在体验教学中，教师引导学生进行反思和总结，让他们清楚了解自己的学习过程和方法，发现自身的优点和不足，从而不断改进和提升。教师在这一过程中，既是知识的传授者，也是学习方法的引导者。

第四章　小学本真教育实践研究

在当今教育多元化、个性化发展的大背景下，小学教育作为基础教育的重要组成部分，承担着培养学生基本素养和核心能力的双重任务。本书以高垾西联小学为例阐述本真教育的实践。

该校一直坚持"务本求真"的教育理念，致力于通过一系列系统的教育实践，不断提升教育教学质量，以适应新时代的教育需求。在推动教育质量全面提升的过程中，该校实施了"深化环境内涵、坚定德育导向、构建课程体系、夯实课堂成效、提升教师团队、培育五好学生"六大策略。这些策略的实施，旨在通过全面优化教育环境、强化德育为先的教育理念，以及构建符合学生发展需求的课程体系，全方位提升该校的教育教学实力和社会影响力。该校还特别重视学生核心素养的培养，围绕"正德厚蕴、求真笃行、博学至善、健体尚美、知本担当、创智劳作"六大核心素养，通过完善的评价机制和多元化的教育手段，培养学生在德、智、体、美、劳各方面的全面发展。特别是"本真五好少年"的评选机制，更是鼓励学生在日常学习与生活中展现出色表现，成为德、智、体、美、劳全面发展的社会主义建设者和接班人。

第一节　小学本真教育的培育基础实践

陶行知先生的教育观念强调教育与生活的密切联系，这一理念在该校的发展过程中得到了深刻的体现和实践。高埗西联小学自建校以来，始终以东莞市高埗镇及其周边社区的实际情况为基础，把促进学校、教师、学生和社区的和谐持续发展视为工作的根本出发点。在这一过程中，学校逐步探索、总结并完善了具有本真教育特色的教育教学管理模式，这一模式以"六优"和"六美"为核心内容，旨在创造一个优质的学习和生活环境，促进学生全面而均衡的发展。

"六优校园"是该校努力实现的一个重要目标，具体包括管理优化、校风优良、环境优美、质量优异、品位优雅和服务优质。这六个方面的优化不仅提高了学校的教育教学质量，也提升了学校的整体形象和社会评价。例如，通过管理优化，学校能够更高效地利用资源，更加科学地安排教育教学活动；校风优良确保了教学活动的正常进行，营造了良好的学习氛围；环境优美为学生提供了一个舒适安全的学习环境，有利于学生健康成长；质量优异体现在教育成果上，反映了教学的有效性；品位优雅和服务优质从细节上提升了学校的整体水平，使学校成为家长和学生信赖的教育机构。

与此同时，"六美特色"是该校在具体教育教学实践中追求的具体表现，涵盖了品德正美、课堂实美、体格健美、才艺丰美、师生乐美和家校和美六个方面。这些方面的美好追求不仅体现了学校对学生全面发展的重视，也体现了学校努力为学生创造一个和谐、美好、健康成长的环

境。例如，品德正美强调品德教育的重要性，课堂实美关注课堂教学的实效性和趣味性；体格健美关注学生的身体健康，才艺丰美提倡学生在音乐、美术等方面的多元发展；师生乐美和家校和美是为了营造和谐的师生关系和家校关系，强调教育的共同参与和家庭的积极配合。

通过实施这样的教育教学管理模式，该校不仅在高埗镇成为一所知名的小学，更在更广泛的区域内树立了教育的典范，体现了现代教育理念与实际操作的有效结合。这种以生活为基础、以全面发展为目标的教育模式，不仅使学校在教育领域取得了显著的成就，也为社区的发展作出了积极的贡献，真正实现了教育的社会功能和文化价值。

一、依托地域人文，育人根基深厚

高埗镇位于东莞市的核心地带，自南宋（1174 年）立村以来，已有850 年的悠久历史。清朝（1823 年）时期，该镇已逐步发展成拥有 37 个自然村的较大规模社区。其地理位置优越，水陆交通发达，三面环水的独特地形赋予了它典型的岭南水乡地貌。这种地理优势不仅便利了人们的生活与交流，也孕育了独特的地域文化和风土人情。

高埗镇以其浓郁的岭南文化特色而著称，粤剧和扒龙舟等民俗活动在这里十分盛行，反映了这一地区深厚的文化底蕴和社区居民对传统的珍视与传承。此外，高埗镇还曾荣获"东莞市创建文明镇街工作先进单位""东莞市文化建设达标镇街"以及"广东省曲艺之乡"等多项荣誉，充分体现了其在地域文化建设和文明实践方面的卓越成就。

改革开放以来的 40 多年间，高埗镇不断推动自我革新和发展，勇于探索新的发展道路，大胆创新，成功创造了"三个第一"：一是建立全国第一座农民集资建桥、过桥收费还贷模式的高埗大桥。这一创举不仅解决了交通便利性问题，还体现了社区自治与合作的精神；二是创办了全国第一座镇办自来水厂——高埗镇自来水厂，为镇上居民提供了干净的饮用水，保障了公共健康；三是建立了东莞第一家由民营企业投资的博物馆——唯美陶瓷博物馆，这不仅丰富了当地的文化生活，而且为地方经济发展提供了新的动力。

这些创新举措不仅提升了高埗镇的基础设施和公共服务水平，也强化了该镇作为东莞重要文化和经济中心的地位。在这些成就的背后，是高埗人民"敢为天下先"的精神，以及他们对改革和创新的不懈追求。依托这样的地域和文化背景，高埗镇在教育方面也展现出了独到的优势。地域文化的深厚底蕴为该校教育提供了丰富的资源，使得该校能够在教育教学中融入更多的地方特色和文化元素。通过这种方式，高埗镇的学校不仅在传授知识和技能上做到了卓越，更在培养学生的文化认同和价值观上下足了功夫。这种教育模式有效地结合了传统与现代、地方与全球，使得学生在了解和尊重传统的同时，也能开阔视野，适应现代社会的需求。

二、规范发展、主动发展夯实品质基础

高埗西联小学自 2005 年创办以来，始终致力于按照省一级学校的高标准进行建设和管理，虽然地处乡镇，却坚定不移地追求科学、优质及具有特色的发展路径。在过去十余年的办学过程中，该校管理团队展现出高度的凝聚力和责任感，通过精心的规划和运营，推动该校各项事业发展，确保教育质量和管理达到一流水平。

该校发展的每一步都是在规范建设和主动发展的双重驱动下稳步前行的。通过设立明确的导向目标、驱动任务和量化指标考核，高埗西联小学成功地汇聚了师生员工、家长以及社区的力量，形成了一个高效运转的教育共同体。这种集体的力量保证了该校运营的高效有序，办学成果显著，体现了其在规范发展方面的成就。

在发展的战略规划方面，西联小学制定了高标准的五年发展规划，

这不仅反映了该校对未来发展的明确蓝图，也显示了通过科学的管理方法来引领各项工作的实施和优化。这种方法不仅提高了内部的管理效率，也提升了教育教学的质量，使该校在竞争激烈的教育环境中始终保持领先地位。西联小学还特别注重创新思路和教育内容的丰富，这表现在不断深化本真教育的内涵，推动教育教学的创新和改革。这种创新和改革不仅体现在教育教学方法上，也体现在文化和课程设置上，使西联小学在提供标准化、高质量教育的同时，也注重培养学生的创造力和实际应用能力。

在过去几年中，西联小学的师生在各类竞赛中屡获佳绩，获得国家级、省级、市级、镇级奖项超过 600 项，这不仅证明了西联小学在教育质量上的卓越，也反映了其学生的全面发展。该校的各项育人成果指标持续领先于高埗镇其他学校，成为东莞市内知名的教育机构。西联小学凭借其优异的教育成果和卓越的校园管理，连续获得了多项荣誉和称号，如"广东省巾帼文明岗""东莞市德育示范学校"等，这些荣誉不仅是对该校教育质量和教育影响力的认可，而且是对其社会责任感和教育使命的肯定。

三、先进办学理念引领学校科学发展

在新时代背景下，"本真教育"理念得到了深化与发展，这一教育理念不仅强调对生命的尊重和对生命发展的促进，更关注对生命的超越。它是一种在全面尊重教育对象的基础上，依据教育规律，运用科学且合理的手段进行的心智启迪教育。此外，"本真教育"还涵盖了对现代社会中学生世界观和人生观形成期的心灵呵护与人格塑造。这种教育理念体现了对教育对象整体发展需求的全面关注，旨在为学生的一生提供可持续发展的坚实基础。

西联小学坚持以"一切为了学生的幸福未来"为办学宗旨，秉持"务本求真·登高步远"的校训，推行"正德至善务本求真"的校风、"仁爱善导本真树人"的教风和"博学尚美真知真行"的学风。这些原则和价值观指导该校在发展过程中不断推动"本真教育"品牌的形成和内涵的深化。该校通过这些理念的实践，不仅关注学生在校的学习与生活，更全面关注其生命全程，确保为学生的思想、情感、知识、能力和身体各方面的成长奠定全面的基础。

西联小学还积极参与东莞教育集团化的办学策略，特别是在"公民校结对帮扶"项目中发挥了领头羊的作用。该校借助自身在办学理念、教育策略和资源等方面的优势，有针对性地开展了专项帮扶工作。这种帮扶不仅限于资源的简单转移，更多的是通过实际行动传递和实施"本真教育"的理念和实践，促进受帮助学校的全面提升。通过这种模式的实施，西联小学帮助民办宝文学校取得了显著的办学成果，使其成为高埗镇首所获评为市一级的民办学校，这不仅提升了宝文学校的教育质量和办学水平，也促进了高埗镇教育质量的整体提升。

通过这些实践，西联小学展现了其作为教育改革者和领导者的角色，不仅在本校范围内推广并深化了"本真教育"理念，而且通过外部合作与帮扶，推动了更广泛的教育社区的共同进步。这种教育实践的成功，显示了先进的办学理念在引领该校科学发展方面的重要作用，为现代教育提供了宝贵的实践经验和理论支持。

四、教师专业发展改良镇域名师成长土壤

西联小学以其卓越的教师队伍和创新的教育理念在教育领域内树立了典范。该校始终贯彻"本真名师"理念，致力于搭建多样化的发展平台，创造丰富的专业发展机会，全面推动教师队伍的专业化发展。通过健全的教师梯度成长孵化制度，西联小学实现了从教坛新秀到教学能手再到学科带头人的全面发展。具体措施包括定期举办校本培训，确保教

师在教育理念、教学方法和专业素养上不断提升，从而为该校的名师培养工程注入持续动力。

为了确保教师队伍的可持续发展，西联小学构建了多元开放且科学合理的教师评价机制。该机制不仅重视教师的教育教学工作，还涵盖教师团队的整体表现。通过全面、积极的评价方法，该校能够及时发现和激励优秀教师，推动整体教育质量的提升。在信息化背景下，该校的教师专业发展工作计划得到有效实施，并取得显著成果。目前，该校拥有市党代表1人、市"名校长工作室"主持人1人、镇"名师工作室"主持人1人、市教学能手2人、镇学科带头人4人、南粤优秀教师1人、市优秀教师6人、市优秀少先队辅导员3人。这些荣誉不仅体现了西联小学在教师专业发展上的卓越成就，也展示了该校在教育领域的深厚底蕴。

在未来的发展中，西联小学将继续加大校本培训的力度，不断拓展其深度，确保教师能够紧跟教育前沿，保持教学方法的创新和专业素养的提升。该校还将进一步完善教师评价机制，确保评价的公正性和科学性，从而为教师提供更加清晰的职业发展路径。该校计划通过引入更多的信息化手段，提升教师的教学效率和学生的学习效果。

五、学生多维自主发展体系体现"本真育人"

西联小学秉持"本真育人"的教育理念，致力于构建学生多维自主发展体系，注重呵护和促进小学生的天性和谐发展。该校理解小学生天真活泼、热爱生活、好奇爱动的特点，将其视为教育工作的基础和责任。围绕素质教育的要求和小学生阶段的发展目标，学校尊重学生"最近发展区"的规律，在认知、思维、行动和判断等不同发展维度上，设定了相应的目标和发展策略。通过因势利导的方法，使每个学生都能够在其原有基础、资质、兴趣、潜能及理想的基础上成长和发展。

在认知发展方面，该校通过丰富的课程设置和灵活的教学方法，激发学生的学习兴趣和求知欲望。学校特别重视知识与兴趣的结合，开设了多种类型的学科竞赛和知识拓展活动，鼓励学生积极参与，提升他们的认知能力和学术素养。同时，学校配备了专门的学习辅导和心理辅导机制，关注每名学生的学习状态和心理健康，帮助他们克服学习中的困难，增强其学习信心和自主学习能力。在思维发展方面，该校注重培养学生的创新思维和批判性思维能力。通过项目化学习和探究式教学，使学生在实践中锻炼思维能力，学会独立思考和解决问题。学校开设了各类创意课程和社团活动，如科学实验、编程设计、艺术创作等，激发学生的创造力和想象力。教师在教学过程中采用启发式教学，鼓励学生提出问题、思考问题、解决问题，从而培养他们的逻辑思维能力和创新意识。在行动发展方面，该校重视学生的行为习惯和生活能力的培养。通过开展丰富多彩的体育活动和课外实践，让学生在锻炼身体的同时，也增强了团队合作和社会交往能力。学校定期组织各类社会实践活动，如参观博物馆、开展社区服务、举办环保活动等，使学生在实践中学会关心社会、服务他人、承担责任。同时，学校还注重学生日常行为规范的教育，通过班会、校会等形式，培养他们的文明礼仪和良好行为习惯，使其在行动上更加自律、自觉。在判断发展方面，该校注重培养学生的道德判断和价值观念。通过开设道德与法治课程、开展主题教育活动，学生能够在学习中树立正确的世界观、人生观和价值观。学校鼓励学生参与校园民主建设，培养他们的责任意识和社会责任感。教师在日常教学中渗透德育教育，引导学生明辨是非、诚实守信、尊重他人，使他们在判断能力上得到全面提升。该校"本真至美少年"发展目标内涵示意图如图 5-1 所示。

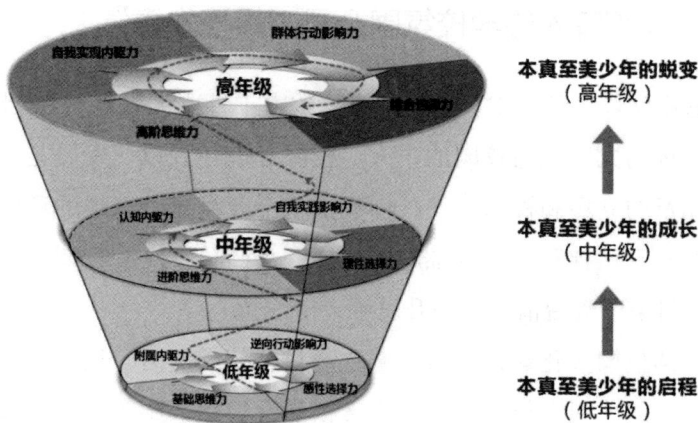

图 5-1　"本真至美少年"发展目标内涵示意图

　　西联小学的学生多维自主发展体系不仅体现在课堂教学中，还通过丰富多彩的课外活动和社团建设得以深化和拓展。学校培育了近 30 个学生特色社团，努力营造学生全员参与、百花齐放的生动局面。其中，版画、合唱、器乐、篮球等优势项目历年来代表高埗镇参加市级比赛均取得了优异成绩。学生的发展亮点纷呈，如彭奕等多名学生分别获得省、市级优秀少先队员和"东莞市最美少年"称号。学校少先队被评为"广东省少先队红旗大队"，多个中队被评为"东莞市先进中队"，在 2015 年被全国少工委评为"优秀红领巾小社团"。

　　该校在多维自主发展体系的构建中，坚持"本真育人"的理念，尊重学生的个性差异和发展规律，因材施教，循序渐进。通过科学合理的发展规划和多样化的教育实践，学校为学生提供了广阔的发展空间和丰富的成长机会，使每名学生都能在原有基础上实现自我超越，成为全面发展的优秀人才。学生行为操守的社会认可度极高，该校成为全镇范围内家长评价最好的学校。这些成绩不仅展示了该校在学生多维自主发展方面的卓越成就，也为其他学校提供了宝贵的经验和借鉴。

六、优美宜人的学校氛围凸显"环境本真"

西联小学以"环境本真"为理念，致力于打造优美宜人的校园氛围，将天真活泼的儿童视为校园的主人。校园环境建设以"发展儿童"为主线，从儿童的立场和视角出发，创建了一个充满童心童趣的环境，体现了儿童的本真精神和纯朴的稚趣。这样一个凸显本真的校园环境，使学生在耳濡目染中陶冶情操，提升思维，浸润童心。

学校的校园文化建设日臻完善，通过多年的努力，先后打造了校园书香长廊、经典国学长廊、社会主义核心价值观长廊等特色育人文化景观，此外还建有中国故事创作室、版画展览室等特色场室。校园书香长廊是该校文化建设的亮点之一，这一长廊不仅展示了大量的经典书籍和文学作品，还设有专门的阅读区供学生在课余时间阅读和思考。经典国学长廊通过展示孔子、孟子等古代圣贤的经典语录和故事，弘扬中华传统文化，培养学生的文化自信和道德修养。社会主义核心价值观长廊通过生动形象的图文展示，引导学生树立正确的价值观念，培养他们的社会责任感和爱国情怀。

中国故事创作室和版画展览室是该校文化教育的重要组成部分。中国故事创作室通过举办各类故事创作活动，激发学生的创作热情和想象力，使他们在创作中理解和传承中华文化。版画展览室则通过展示学生的版画作品，培养他们的艺术素养和审美能力，同时也为他们提供了一个展示才华的平台。

该校以办学理念体系为核心和主线，通过优化校园景观设计和建设，实现了校园文化的物象化，使学校的校园文化氛围充分体现了学校内涵发展的灵魂和人才培养的目标。校园内的每个角落、每处景观，都经过精心设计和布置，既体现了教育的功能性，又兼顾了美观性和艺术性。无论是教学楼前的花坛，还是操场旁的绿地，抑或长廊上的书画作品，都彰显出该校深厚的文化底蕴和独特的教育理念。

校园内的各种设施和资源，为学生提供了丰富的学习和活动空间。教学楼内的教辅室配备了先进的教学设备，满足了不同学科的教学需求。图书室内的丰富藏书为学生提供了广阔的知识海洋，激发了他们的阅读兴趣和求知欲望。运动区和快乐体育场地，为学生提供了充足的体育活动空间，促进了他们的身心健康发展。

西联小学在校园环境建设中，不仅注重硬件设施的完善，更注重软环境的营造。通过一系列的文化活动和教育实践，学校努力营造充满正能量和积极向上的校园氛围。学生在这样的环境中，不仅能够获得知识和技能的提升，更能够在潜移默化中形成良好的品德和健全的人格。

第二节　小学本真教育的培育具体措施

小学阶段是人一生发展的一个关键时期，其间不仅见证了知识和能力的显著增长，也是个性和品德形成的决定性阶段。这一时期的教育水平直接影响到学生的知识掌握，能力提升及其世界观、人生观和价值观的形成，进而影响到个体必备的品格和关键能力的培养，为终身发展奠定基础。加快教育现代化，办好人民满意的教育已成为教育发展的指导方针。社会的演进不断提高了党对教育的期待和民众对优质教育的需求。教育实践应本着"守教育本真，养人生正气"的理念，旨在建立家长认同、社区支持的优质学校，并成为地区教育的典范。这要求学校不仅促进学生的全面发展，而且支持教师的职业成长和丰富学校的文化内涵，从而提升整体的办学品质。

西联小学所推行的"务本求真·登高步远"教育理念是其科学办学的核心，致力于超越传统的功利教育，为学生创造一个无污染的学习环境。该校通过积极向上的心态、全面健全的人格培养、无限扩展的爱心教学以及深厚广博的知识传授，全面影响和滋润学生的心灵，通过启发式教学激发学生的潜在智力。这种教育模式不仅关注学生智力的提升，更重视其个性的独立发展和情感的健康成长，确保每名学生都能在自己的优势领域内实现自主发展，享受快乐成长的过程，从而形成活泼的教育氛围。

在实践中，西联小学以其优秀的管理体系和创新的教学方法，展现了卓越的绩效。学校的管理覆盖了人力资源、财务管理、物资配置、信息技术和校园文化等多个方面，每个环节都力求达到最佳状态，从而形成一个高效运转的教育体系。通过借鉴国内外多种成功的教育品牌培育经验，西联小学不断优化其办学策略，加强内部资源的整合与利用，推动学校向标志性的教育品牌发展。

学校建立了一个以师生民主参与为基础的品牌建设机制，通过教师和学生的共同参与，加深了对"本真教育"品牌内涵的理解并使其广泛传播。学校全体成员，包括教职工和学生，都秉承一盘棋的合作精神，一心一意地推动学校教育品牌的创新和发展。学校还设立了专门的项目组，负责落实创新策略和监督教育品牌的实施进展，确保在规定的两年工作期内，教育品牌的建设不仅能有效实施，还能持续发展，最终达到提高学校整体教育质量和社会影响力的目标。

一、加强学校"本真教育品牌领导力"

西联小学加强学校"本真教育品牌领导力"的主要方式如图 5-2 所示。

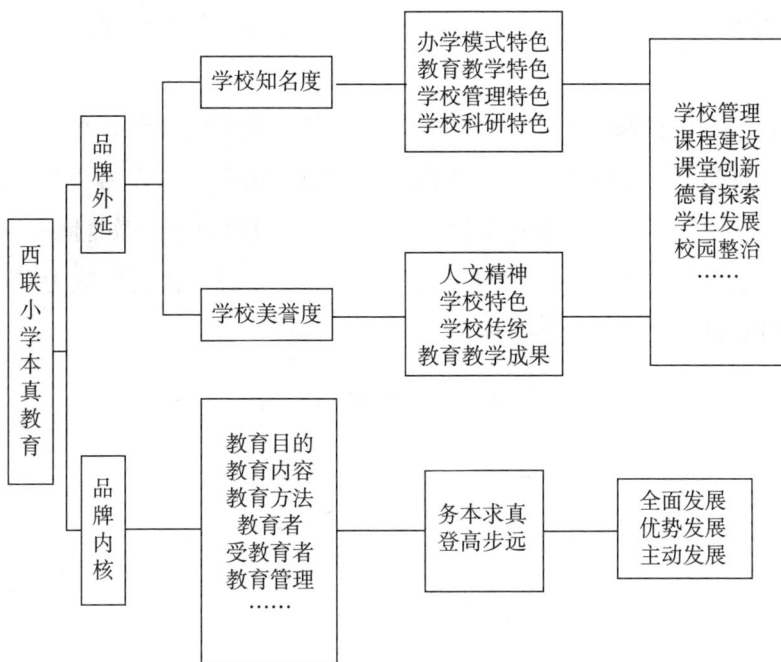

图 5-2 西联小学加强学校"本真教育品牌领导力"的主要方式

（一）领导班子的现代学校领导力建设

西联小学的领导团队在推动"本真教育品牌"发展的过程中，展示了现代学校领导的核心素质。领导团队应具备强烈的社会责任感，这不仅涵盖对学生和教师成长的关注，还包括对教育质量和学校文化的持续改进。有效的领导力在于能够不断学习和自我超越，探索并实施革新策略，这是构建和维持高效学校管理的基石。

为了进一步加强领导力，西联小学的领导班子积极"走出去"与"引进来"，通过深入研究国内外知名教育品牌，引入先进的校长领导力培育模式。此外，学校与华南师范大学的智库专家及第三方专业机构合作，围绕学校品牌建设、组织变革、教学改革、CIS 系统优化和校园文化等关键领域，开展系统性的培训和指导。这一系列措施旨在提升学校行政管理人员及中层干部在本真教育文化、品牌建设及课程整合方面的领导力。

西联小学的领导团队不仅提高了自身的专业能力和领导水平，而且为学校创造了一个开放和协作性的学习环境。借助校长作为"东莞市名校长工作室"的主持人这一优势，学校的办学成果向全国教育同行展示，促进了教育理念的交流与碰撞，进一步强化了学校的品牌影响力和提升了教育质量，具体如图 5-3 所示。

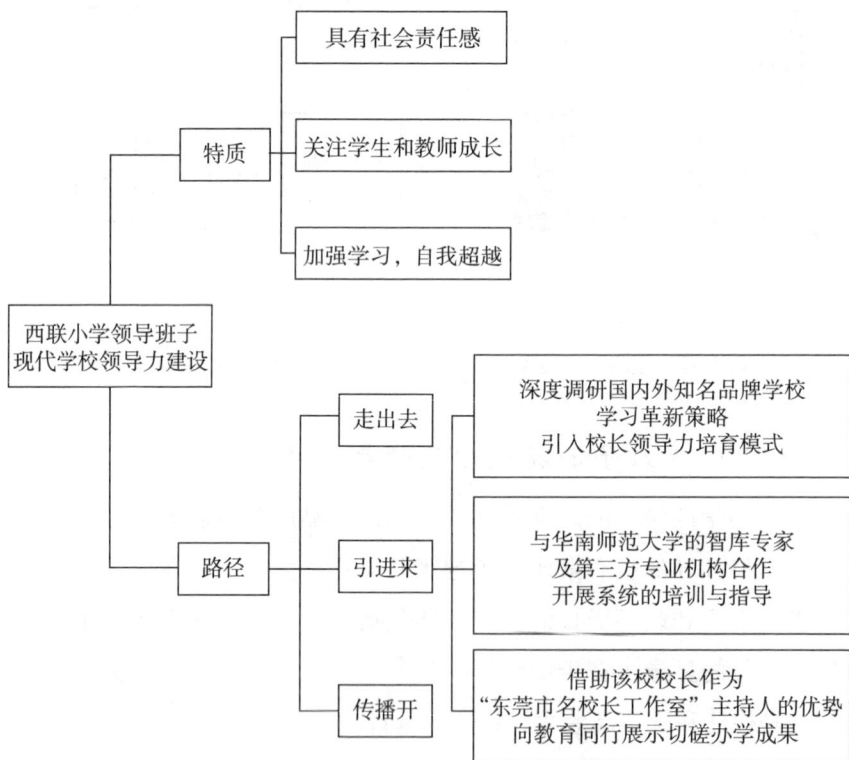

图 5-3　西联小学领导班子的现代学校领导力建设

（二）教师团队的专业领导力建设

在西联小学推行的"本真教育"品牌下，教师团队面临新的使命和

挑战，这要求其专业领导力的显著提升。教师的角色在逐渐转变，不仅是知识的传递者，更是价值观的塑造者和学生个性发展的引导者。因此，学校对教师团队进行专业领导力建设，旨在培育具备"本真至善"教育理念的教师，以适应和推进教育的深度变革。

通过设计专项课题研究、入职培训和专题培训，教师团队不断提高其教育和教学的专业性。课题研究使教师深入探索教育理论与实践的结合点，通过实证研究找到教学改进的切入点。入职培训则为新教师提供了系统的本真教育理念的理解内容，确保他们能够迅速融入学校文化之中。专题培训则针对师德与德育素养、个人教学风格等方面，强化教师的价值观导向和教学个性的形成。

师德的高标准不仅涵盖职业道德，还包括对学生的深切关怀和教育责任感。在"本真教育"的框架下，师德教育被赋予了更深层次的人文关怀，要求教师在教育过程中体现对学生的尊重和理解，以及促进其全面发展的承诺。

在本真教育中，教师被鼓励发展独到的教学方式，使课堂成为开放、互动的学习空间。教学与教研机制的优化，通过定期的教研活动和反思会，提升教师的教学设计能力和课堂管理技巧，使教学活动更加贴近学生的实际需要。通过团队合作，教师可以分享最佳实践，共同解决在教学中遇到的问题。此外，教师之间的合作也为个人的专业成长提供了必要的支持和激励，有助于形成集体的智慧和力量。课程评价的优化和"本真至美少年"培养项目的实施，都是为了更好地服务于学生的成长和发展。课程评价机制的改进使评价更加全面和客观，真正反映学生的学习情况和成长进度。而"本真至美少年"培养项目则特别强调在学生中培养审美和人文精神，促进其在美的环境中自由成长。

西联小学的教师专业领导力建设计划是一个全面而深入的战略，涵盖从理论到实践的各个方面。通过上述措施的实施，教师团队不仅在教学技能上得到提升，更在教育理念和教育责任感上达到了新的高度，有效地实现了教育本真的回归，深入学生的生活世界，用心践行"本真教育"，在培养学生的过程中实现自我超越和专业发展，如图5-4所示。

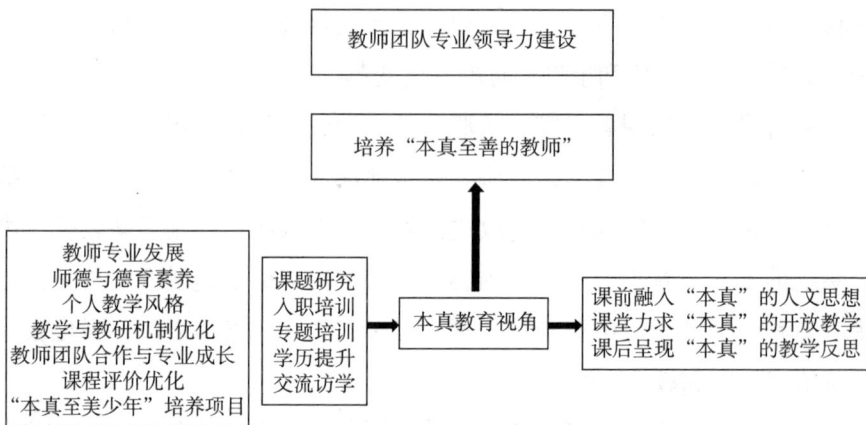

图5-4 教师团队专业领导力建设

（三）学生团队的自主发展力培育

在21世纪的教育背景下，西联小学采取了一系列策略来应对日益增长的人才发展需求，特别是在学生自主发展力的培育上展现了前瞻性的教育视角。该校致力于实施与"本真教育"品牌一致的个性化教育规划，以满足学生和家长对教育质量和发展方向的期望。通过精心设计的家庭教育规划指导和学生发展指导计划，该校不仅明确了发展要求，还科学地确定了适合每名学生的个性化发展路径。在尊重、交流、引导和自由的价值主张下，西联小学通过自主学习模式的创新和学习资源的投放，强化了学生的自主学习能力。该校特别注重少先队组织和学生社团的建设，通过丰富多样的活动促进学生的全面发展。这种活动育人的策略不仅培养了学生的团队合作能力，还激发了他们的创造性和实践能力，如图5-5所示。

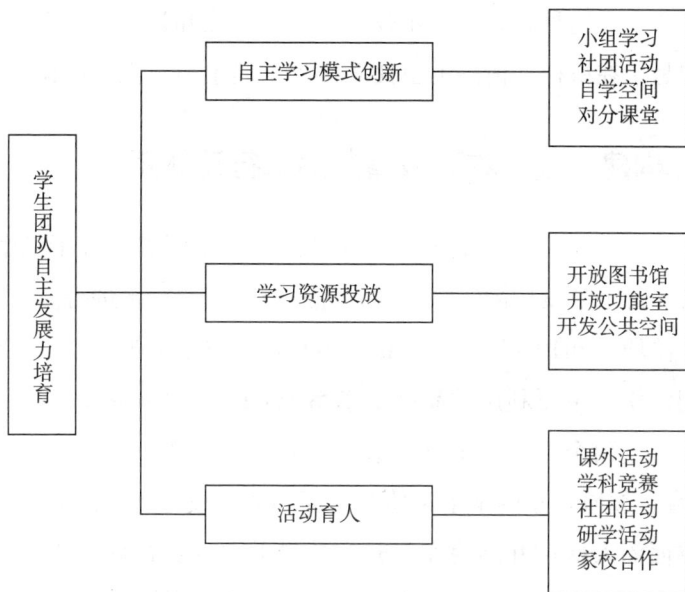

图 5-5　学生团队自主发展力培育

　　尊重儿童的个性和多样性是西联小学教育实践的另一个显著特点。该校鼓励教师和家长尊重儿童的不同想法及其不标准的答案，从而在实践和经验中引导儿童天性的发展。这种教育方法强调从儿童的自然兴趣和实际能力出发，通过具体的互动和实践活动，促进儿童在探索和学习过程中自然而然地发挥其潜能。该校还为不同类型和不同层次的学生提供了一系列专项活动，如课外活动、学科竞赛、社团活动、研学活动和家校合作项目。这些活动不仅丰富了学生的校园生活，还提供了平台以展现和培养他们的特长。特别是在竞赛和社团活动中，学生能够在真实的环境中测试和提升自己的能力，这不仅有助于他们的个性发展，还有助力其自主学习能力的提升。

　　通过这些综合性的教育措施，西联小学成功地培育了学生的自主发展力，使学生能够在认知和技能上取得实质性进展。该校的教育实践充分体现了本真教育的理念，即教育应当回归到满足学生真实需要和发挥潜力的本质上。这种教育策略不仅使学生能够在知识和技能上获得成长，更重要的是，在精神和情感上也使其得到了健康和愉悦的成长。

二、构建学校"本真教育"品牌行动体系

西联小学在构建"本真教育"品牌的过程中明确划分了三个阶段的实践策略，每个阶段均围绕深化教育理念与实践的完善进行。

第一阶段（2019 年 4 月到 2019 年 9 月）被定义为反思与沉淀阶段。在此期间，学校主要利用"品牌识别系统 CIS 优化项目"和"品牌学校申报项目"这两个关键的工具，系统地回顾和梳理了西联小学多年来在"本真教育"领域积累的丰富经验与所面临的挑战。此阶段的核心任务是在理念层面深入探讨并阐明在新时代背景下"本真教育"的必要性与意义，进而提升对"本真"教育内涵的全面理解和掌握。这一阶段的工作为后续的实践和系统构建打下了坚实的理论基础。

第二阶段（2019 年 9 月到 2020 年 9 月）是实践与修正阶段。这一阶段，学校聚焦于课程建设、课堂教学改革和学校文化建设这三大主要载体。通过实施"课程整合"和"课堂改革"等一系列课题项目，西联小学致力于解决"如何实现本真育人"的实践问题。此阶段的关键活动包括通过具体的教学实践来测试和修正教育理念的应用。同时，对学校的本真课程体系进行重新架构，确保其更加贴合学生的发展需要和时代的教育要求。

第三阶段（2020 年 9 月到 2021 年）是完善与系统化阶段。在这一阶段，西联小学的核心任务是构建一个完整的"本真教育体系"。此阶段的工作重点是校本化实施以学生为中心的核心素养培养，确保"本真教育"的理论内涵得到实践体系的全面体现和跨越式发展。这包括对教学内容、教学方法及评估体系的全面优化，以实现教育的系统性变革，最终使"本真教育"不是停留在理论探讨上，而是通过具体实践活动在

学校教育生态中得到根本性的落实和发展，具体如下。

（一）凸显"人本管理"特色的学校管理优化升级

在西联小学构建"本真教育"品牌行动体系的过程中，学校管理的优化升级着重于强化"人本管理"的特色。这种管理模式强调教育的根本目的是服务于人的全面发展，即通过激发个体的自主性、自由性和自觉性，促进师生的身心发展和智力激活。为实现这一目标，西联小学采取了一系列战略措施，以科学规划和民主参与为核心，确保教育活动不仅遵循教育和发展的自然规律，而且体现人文关怀，具体措施如图 5-6 所示。

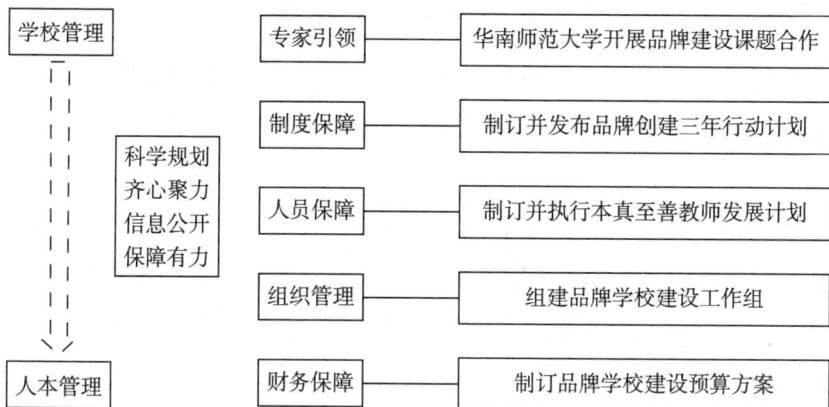

图 5-6　学校管理优化措施

学校自觉摒弃了传统的经验管理模式，转而采用一种更为科学和系统的管理策略。通过与华南师范大学的战略合作，学校引入了一批学科教学、心理学、教育学、管理学和教育信息技术的高校专家，并使其参与到学校品牌建设的顶层设计中。这些专家不仅提供了理论上的指导，而且在实践中也提供了丰富的资源和支持。这种"外脑"合作模式，为学校的教学研究、儿童发展和家校共育等领域的工作细化提供了新的视角和方法，丰富了学校管理的内容和形式，从而确保了学校管理的科学性和前瞻性。

　　学校在人本管理机制的运行中，特别注重激发师生的主体责任意识，实现管理的民主性。西联小学确立了双重关怀的原则，即在关注学生的全面发展的同时，也充分关心教师的职业发展和个人福祉。这种以人为本的管理模式，不仅提升了师生的满意度和归属感，也促进了学校内部环境的和谐与积极化。进一步地，学校还制订了一项基于"本真教育"品牌的三年行动计划，凸显了人本管理的特色。这一行动计划详细规划了教育教学的各项措施和预期目标，旨在通过具体、可操作的步骤实现学校教育品质的整体提升。

（二）打造以学习者为中心的系统化"本真课程"体系

　　构建以学习者为中心的系统化"本真课程"体系是现代教育发展的重要方向之一。这一体系不仅旨在优化课程与教学，同时也着力提升教师的专业素质，将其纳入具体的教学改进过程中。树立教师团队共同的价值理念是实现这一目标的关键。通过共同的价值观念促进教师的专业成长和素质提升，从而提高教师在课程开发方面的能力。在"本真课程"的基础上，系统规划并创新开发具有赋能价值的"登高课程群"。这些课程群包括但不限于正本、厚蕴、知本、担当、求真、博学、尚美、劳作等课程。这些课程旨在全面提升教师的教学能力和课程开发能力，使之能够为学生提供多元的学习体验和丰富的精神世界。为了更好地满足资优学生的拔节发展需求，还需加强"挑战课程群"的建设，如 STEAM 系列课程和竞赛课程等。这些课程的设计应充分体现"课程即精神启蒙、课程即平台搭建、课程即个性支持"的核心理念。通过多样化的课程设置，激发学生的学习兴趣，培养他们的创新能力和竞争力。

　　在这一过程中，组织健全的课程开发委员会显得尤为重要。该委员会负责全面梳理现有的校本课程、特色项目及学生社团活动，挖掘并凸显学校本真教育的课程理念，开展系列化的课程建设。明确的"登高"课程目标和愿景是课程开发的指南，通过寻找特色课程的开设优势，搭建适应新课标改革和学校实际情况的课程架构。具体而言，应设定学生能力发展的指标，确立教学目标和内容，以期为学生提供充实的精神世界和多元的学习生活体验。

编撰校本教材是推进特色校本课程发展的重要环节。校本教材不仅要涵盖基本的教学内容，还应突出学校的特色和教育理念，为学生提供丰富的学习资源和选择空间。这些教材的编撰需要结合学校的实际情况，充分考虑学生的需求和兴趣，从而实现教育的个性化和多样化。

该校的"本真登高课程"体系如图5-7所示。

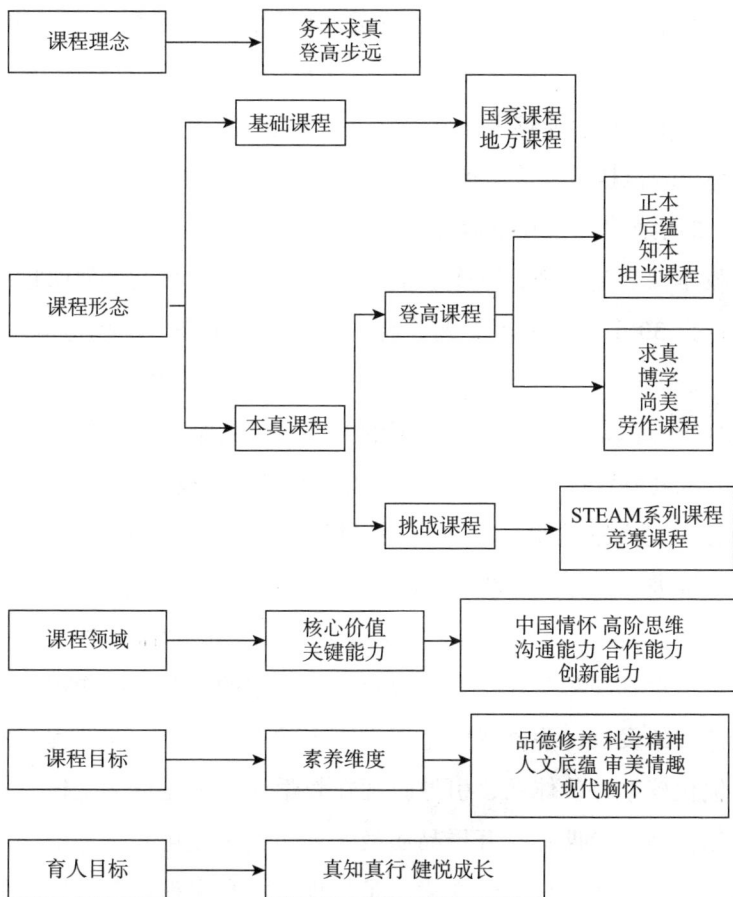

图5-7 "本真登高课程"体系

　　制订课程实施方案，是确保"本真课程"得以有效实施的关键步骤。按照严格的课程规范进行"本真课程"的实施，可以确保课程的高质量与一致性。整合多方教学资源，不仅能够丰富学生的多样化学习体验，还能激发他们的学习兴趣和求知欲望。鼓励师生积极互动，倡导体验式学习、项目式学习和创造性创新学习，是实现"本真课程"作为"本真教育"品牌重要支撑作用的有效途径。通过这些手段，推动超越"本真课程"的挑战课程建设，为学有余力的资优学生提供优势发展的平台。在课程开发与实践过程中，优化校本评价工作显得尤为重要。通过科学的评价体系，引导教师在教学活动中加强学生核心素养的培养，制作优秀课程，开展高质量教学。实施多元化的教学评价，兼顾多重多层次的目标评价，探索适当的个性化评价方法，能够全面反映学生的学习成果和发展潜力。统筹规划设计、系统规范执行、落实评价与持续优化的"本真课程体系"，为西联小学学生的全面和个性化发展提供坚实的课程保障。

　　在校本课程建设中，一个新的增长点是《家长学院系列课程》的开发。拟开设30个家长学习专题课程，这些课程围绕"学校适应""亲子关系""父亲角色""母亲角色""生涯规划""家庭教育规划"等主题，开展系列学习活动。通过家长课程的开展，优化家长的教育观念和育儿观，提升家庭教育技能，使"本真教育"在学生家庭中得到有效落实。

　　课程实施方案的制订应注重课程规范的执行，以确保"本真课程"能够有序推进。整合多方教学资源，有助于为学生提供丰富的学习体验，鼓励师生互动和开展体验式学习，推动项目式学习和创造性学习的发展，充分发挥"本真课程"在"本真教育"品牌中的重要支撑作用。通过支持挑战课程的发展，为资优学生提供更多的发展机会。在课程开发与实践中，优化校本评价体系，引导教师在教学活动中注重学生核心素养的培养，创作高质量课程，开展品质教学。实施多元化教学评价，注重多重目标评价和个性化评价的探索，是实现"本真课程体系"持续优化的重要手段。系统规划设计、规范执行、落实评价与持续优化，为学生的

全面发展提供保障。

（三）课堂教学创新打造"真知高效课堂"

西联小学在推广"本真教育"品牌的过程中，致力于培养具备专业技能和专业态度的"本真良师"。这些教师展现了高度的专业精神和对教育的热情，他们不仅具备正确的教育理念，而且在教学过程中能够有效地协调"师与生"以及"教与学"的关系，强调情感投入和师爱的重要性，同时关注自身的心理健康。这种教师团队的核心突破点在于打造"真知高效课堂"。这种课堂不仅可以提高教育绩效，还能引导学生崇尚科学、坚持真理、追求个性发展并涵养精神世界。

在"真知高效课堂"的构建中，教师应用科学的手段和方法进行教学，通过完善的考评体制不断优化教学内容和方法，确保教学活动既能满足学生的学习需求，也能激发他们的学习兴趣。教师被鼓励进行教学思路的整体反思和重构。在这一过程中，现代化的教学设备和资源被有效利用，同时保证学生情感和兴趣的持续激活，创造一个充满智力挑战且情感怡人的学习环境。

西联小学还积极采用以小组合作为特征的"对分课堂"教学模式，聚焦于教学质量的提升。这种模式鼓励教师开展创新型教学探索，采用开放和创新的教学方式，精心挑选符合学生能力发展要求的学习内容，实现"优质轻负"，从而形成具有个人特质的"高品质教学"风格。学校基于这些教学模式的创新，开展相关的课题研究，争取在学科探索和课程改革领域中获得更多的市镇及省级课题立项。

为了进一步增强教学效果，西联小学每学期都会开展覆盖所有教师的"师师优课计划"，确保每位教师都能提供"优课"。此外，通过开展校本一师一优课"真知高效课堂"评比，学校引导教师突出教学有效性，实现教学目标的有效、高效课堂建设。同时，学校加强了教育信息化技术的应用，推动课堂教学改革探索实验的开展，有效提升教学效果，为学生提供高品质的学习体验。教师还被鼓励加强德育课堂的领导力，摒弃说教式德育教学，强化互动体验式的德育课堂，以活动育人，从而指导学生多样化学习方式，提振学习信心，启迪智慧。

（四）"力行德育"推动全员育人德育创新

推动全员育人德育创新的"力行德育"理念是西联小学德育工作的核心。通过广泛宣传本真教育理念，学校致力于树立政府、学校、家庭、社会"四位一体，本真育人"的共识。通过统合多方资源，形成强大的育人合力，以确保德育工作的深入开展和实效提升。

在"力行德育"理念指导下，西联小学全面推动德育科研工作。这一工作涵盖了班主任队伍建设、德育创新、家校合作等多个领域，力求在市镇级德育课题申报中取得成果。少先队工作作为学校的传统优势领域，也在争取更高级别的课题立项。这些努力旨在通过科学的研究和实践探索，为学校德育工作提供坚实的理论支持和实践指导，如图 5-8 所示。

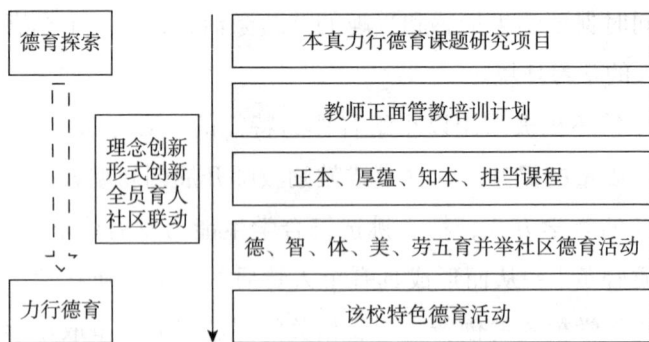

图 5-8　"力行德育"推动全员育人德育创新

德育专业化建设的核心是"力行导师"的专业发展。学校开展全员的"正面管教"理念与技能的培训，全面优化德育队伍建设。结合小学生活泼好动的特点，学校营造积极活泼、互助互爱的班级氛围，促进学生间的团队建设和学习共同体建设，加强学生自主管理的训练。通过这

些措施，学生不仅能够在学业上取得进步，更能在品德和行为习惯上得到全面提升。

德育课程的设计是实现"力行德育"理念的重要途径。学校通过德育课程将社会主义核心价值观内容具体化、系列化，使其深入学生心中。德育课程的多学科整合是其特色之一，以语文、道德与法治、音乐、体育、美术学科为核心，凸显对中华传统文化的体悟与传承。通过这些学科的有机结合，学校进一步丰富了"正本·厚蕴·知本·担当"德育特色课程，使学生在学习过程中不仅获得知识，还能深刻理解和传承中华文化。

配合学校少先队工作及社团活动，学校创造了丰富的平台与机会，推动学习与生活的融合。这些活动不仅增强了学生的学习兴趣，还有效消除了学生的学业和心理困扰，确保不让一个学生掉队。通过这些措施，学校实现了人人有特色课程、人人有成功机会、人人有幸福成就感的目标，使学生在班级、学校、家庭、社区内为他人、为集体服务，最终成长为"本真至美少年"。家校共育机制的建立是"本真同行家长学院"的重要内容。学校建立的这一机制，充分发挥各级家委会的功能，鼓励家长积极参与学校各项重要事务及活动。通过家长的正向参与，激活伙伴的互助关系，使家校合作更加紧密和高效。学校深度挖掘社区资源、家长资源，推动家长智慧发挥协助学校优质管理作用，推动家长义工组织发展，开展家长入校活动，增强亲子互动，提升育人效能。

为了实现家校共育的目标，学校还深度挖掘家长资源、专业院校资源和社会资源，邀请家庭教育专家、学者对家长进行培训。通过这些培训，家长能够更好地支持孩子的学习和成长，建立起较为稳定的助力孩子们未来发展的校外支持系统。这一系统不仅为学生的全面发展提供了有力支持，还增强了家长对学校教育的理解和支持，使家校共育机制更加完善和高效。

（五）"本真至美少年"真知真行，健悦成长

西联小学的"本真教育"致力于学生的德、智、体、美、劳全面发展，通过"一核心四关键能力"（社会主义核心价值观教育、认知能力、合作能力、创新能力、职业能力）的深度培育，学生能够在德、智、体、美、劳五个方面得到均衡发展，真正做到真知真行，健悦成长，最终在发展中成为最好的自己，如图5-9所示。

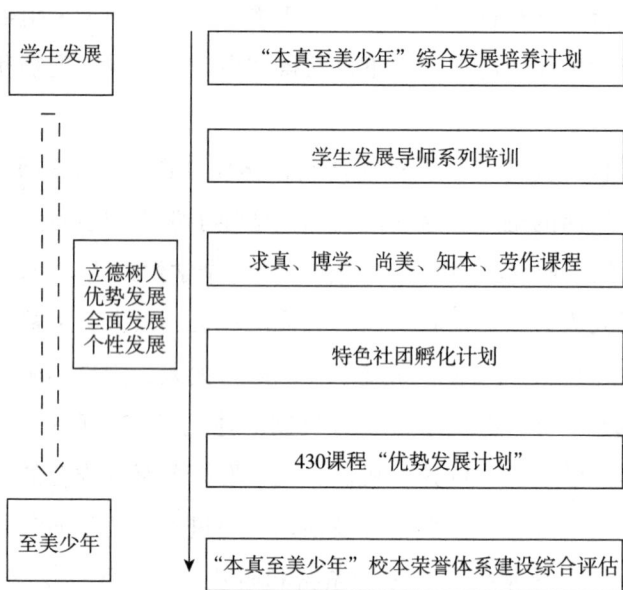

图5-9　"本真至美少年"具体做法

学校开设"以学生为中心"的兴趣导向性开放课程和活动，引导学生在优势领域和自主发展上取得进步。这些课程和活动旨在激发学生的兴趣，培养他们的主动学习和发展意识。通过粤港澳大湾区高新科技园的"高埗寻真"系列研学旅行活动，学生不仅可以增长知识，开阔眼界，还能培养家国情怀。学校设计了校本学生荣誉体系，完善了综合发展档案记录。通过这些措施，引导学生适性扬才，丰富他们的人生规划体验，激活他们的主动发展状态，培养其独立思考与解决问题的能力。

创新引领，科技创新育英才，是学校"本真课程"落实的重要抓手。学校致力于提升学习活动、少先队活动、学生社团活动和研学活动的品质。通过选拔一批有潜质的学生参与科技创新课程、STEAM系列课程、DI等活动，充分提升学生的综合素养，积极鼓励他们挑战高级别竞赛，为未来的专业成长打下坚实基础。为此，学校建立了一支稳定的综合实践课程和科技创新教育教学指导团队，并建立了较为完备的综合实践活动课程资源库。这些努力旨在培养学生的创新能力和实践能力，使他们能够在未来的学习和职业生涯中表现出色。

身心健康教育是学校生动活泼发展的保障。学校成立了多样化的学生社团，并开展适合不同年龄段的小学生心理团体辅导活动。通过这些活动，引导学生积极乐观地认识自己，包括他们的能力、兴趣、个性人格和优势特长等，协助其建立积极自信的个性心理品质，学会尊重自己，学会踏实做事，学会优势发展。学校通过心理辅导和教育活动，帮助学生树立积极的人生观和健康的心理状态，为他们的全面发展提供支持。

小学时期是学生身心发展的重要阶段，高品质的学习生活是未来发展的重要保障。作为湾区都市镇域小学，西联小学致力于守护每名学生的身心健康。全体师生都坚守"健康本真"的信念，学校强化了卫生环境管理，营造卫生的校园空间，开展健康教育，培育身心健康理念。此外，学校还加强了生活管理，促进学生养成良好的生活习惯，优化了后勤与体育设施建设，培养学生健康的体魄，实现少年本真，健康成长。

（六）系统化的校园整治工程打造"雅正校园"

加强校园整治，建立健全体系化的学校安全管理规范体系，打造师生舒心教学生活的安全校园是西联小学的重点工作之一。通过制定详细的安全管理规范，学校力求在各个环节上确保师生的安全，使校园成为一个和谐、安心的学习和生活场所。学校积极开展品牌学校专项工程建设，争取获得政府部门的多方面支持，以赢得品牌建设的有力政策与行政保障。这些措施不仅提升了学校的整体形象，还为师生创造了更加优质的教育环境，如图 5-10 所示。

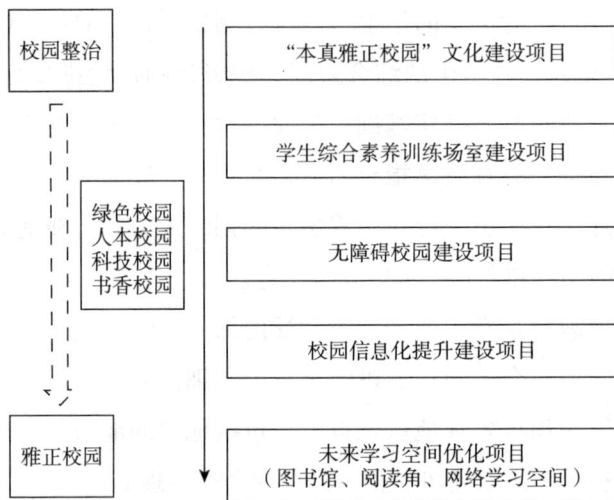

图 5-10　系统化校园整治工程"雅正校园"建设

在校园建设方面，学校全面深化绿色校园、科技校园、人文校园、书香校园的建设，营造适宜师生学习和生活的优美环境。通过学校"本真教育"建设，学校在建筑空间、景观空间、学习空间的综合性专题文化建设以及学校管理制度优化等方面，打造了"本真雅正校园"。在这一过程中，学校注重形塑具有人文关怀及教育理念的人文校园，积极推动体现环保生态、节能减排、宜人宜学的校园建设，致力于打造优质优美的绿色校园环境。这些措施不仅提升了校园的物质环境质量，还在精神文化层面营造了浓厚的学习氛围。

善用社区资源是西联小学教育工作的另一个重要方面。学校引导社区提供支持，通过家校合作梳理学校周边社区的教育资源，建立"本真教育社区资源库"。开展如"爱我高埗""我骄傲我是东莞人"等专项教育活动，不仅彰显了学校的特色，还丰富了学生的成长体验。这些活动通过社区平台，提供了学生发展和展示自己的机会，进一步促进了学生

的全面发展。

学校特别注重科技在校园未来发展中的"助推器"作用。通过大力推进学校公共空间阳光校道、智慧课室、数字图书馆、分级阅读馆、STEAM 实验室、创客空间等项目建设，学校致力于打造智慧校园。这些项目的实施不仅提升了学校的硬件设施水平，还为师生提供了更加现代化的教学和学习环境。通过智慧课室的建设，学校实现了教学手段的多样化和信息化；数字图书馆和分级阅读馆的设立，为学生提供了丰富的阅读资源，培养了他们的阅读兴趣和习惯；STEAM 实验室和创客空间则为学生提供了动手实践和创新创造的平台，激发了他们的科技兴趣和创造力。

第三节　小学本真教育的组织保障

西联小学致力于通过系统化的组织和管理，全面推进品牌学校的建设。为此，该校成立了专门的品牌学校工作机构，制定了品牌学校培育工作管理机制。通过这一机制，该校切实加强了组织实施机构的建设，构建了一支团结协作、敬业奉献、廉洁奉公、高效运作的领导与管理实施队伍。这支队伍覆盖了各分管部门的中层领导、年级、学科组、食堂及保安职员，实现了全员参与，确保工作落实到个人，责任到人。

在品牌学校建设过程中，该校积极争取高埗镇委、镇政府及教育办公室的关心和支持，进一步提高该校预算投入及专项项目的政策和预算支持力度。该校管理层定期向主管领导汇报品牌学校建设的进度和实际情况，确保上级行政部门能够全面了解该校的发展动态和实际需求。该校还认真配合上级行政部门对该校发展规划的指导，在政府给予的物质和财力支持下，落实品牌学校的各项规划工作。在这一过程中，该校通过实施依法治校、依章治教的管理办法，根据学校发展不断建立健全各项规章制度，完善奖惩激励体系，健全民主管理制度和工作机制。该校不断创新工作方法，自觉接受群众监督，齐心协力，保障"本真教育"品牌提升工作顺利实施。

为了统一认识、凝聚思想、集合智慧，西联小学通过召开专项工作动员会、论证会、现场会等形式，全面动员全校师生积极参与品牌学校建设。该校充分利用微信公众号、校报、广播站、校园网等各类媒体平台，广泛解读和宣传该校最新的战略规划、目标定位及建设举措等主要内容，切实增强导向性和向心力。这些宣传和动员活动，有效地激发了广大师生的积极性和主动性，使他们对品牌学校建设形成了高度的共识和认同。同时，该校还充分发挥家长委员会、合作单位及社区兄弟单位的作用，争取各方的大力支持，为"本真教育"品牌各项工作的顺利推进提供坚强的舆论和社会保障。

在品牌学校的建设过程中，西联小学注重以评促建。每学期对品牌规划的各项目标进行专项评价和指导，并做好对部门、项目组、师生及校内各项工作的考核。这些考核不仅有助于明确各部门和个人的工作目标，也为该校整体工作质量的提升提供了有力保障。该校管理层每学期都会对品牌学校建设的各项工作进行总结，并对各类资料进行整理和归档，以确保各项工作稳步达成拟定的目标。同时，该校结合岗位聘任和绩效工资制，着力制定奖惩制度和目标考核制度，包括绩效工资实施方案、各类教育教学成果奖（如质量检测、竞赛、科研、社团、荣誉等）的管理绩效考核奖励制度等。通过这些多元评价和多渠道激励措施，该校构建了教职工利益保障系统，使教职工与该校结成"品牌发展共同体"。

在具体实施过程中，该校高度重视品牌学校工作机构的建设。通过严格的选拔和培训，西联小学组建了一支具有高水平专业素质和管理能

力的领导与管理队伍。这支队伍不仅在该校内部各个环节上发挥了重要的管理和协调作用，而且在品牌学校建设的各个方面体现了高效的执行力。该校创制了详细的工作网络和工作制度，确保品牌学校建设工作的顺利推进。在工作网络中，各部门和个人的职责被明确界定，工作流程被严格规范，确保各项工作能够有条不紊地进行。

西联小学在依法治校、依章治教的管理办法下，不断完善各项规章制度。通过建立健全的奖惩激励体系，激发了全体教职工的积极性和创造性。在民主管理制度和工作机制的保障下，该校各项工作不断创新，管理水平不断提高。同时，学校通过召开专项工作动员会、论证会、现场会等形式，统一全校师生的思想，凝聚大家的智慧，共同推动品牌学校的建设。该校充分利用各种媒体平台，广泛宣传品牌学校建设的目标和措施，发动全校师生积极参与。

在家校合作方面，西联小学充分发挥家长委员会的作用，积极争取家长的支持和参与。通过组织家长参与学校的各项重要事务及活动，不仅增强了家长对学校工作的理解和支持，也激发了他们的参与热情。在社区资源的利用方面，该校积极与社区单位和兄弟学校合作，共同推动品牌学校的建设。通过这些措施，该校在品牌建设方面取得了显著的进展，各项工作得到了社会各界的广泛支持和认可。

西联小学在品牌学校建设过程中，注重通过评价与指导推动工作进展。每学期对品牌规划的各项目标进行专项评价与指导，并做好对部门、项目组、师生及校内各项工作的考核。这些考核不仅明确了各部门和个人的工作目标，也为该校整体工作质量的提升提供了有力保障。每学期，该校都会对品牌学校建设的各项工作进行总结，并对各类资料进行整理和归档，以确保各项工作稳步达成拟定的目标。同时，该校结合岗位聘任和绩效工资制，着力制定奖惩制度和目标考核制度，通过这些多元评价和多渠道激励措施，构建了教职工利益保障系统，使教职工与学校结成"品牌发展共同体"。这些措施不仅激发了教职工的工作热情，也增强了他们对该校品牌建设的责任感和使命感。通过全体教职工的共同努力，西联小学的品牌建设工作取得了显著的成效，该校的整体形象和教育质量得到了显著提升。其具体工作如表5-1所示。

表5-1　西联小学品牌学校培育和申报工作分工明细

项目模块	联动部门	工作措施	工作成果
品牌领导力	校长室、办公室、德育处、教导处	1.加强学习，深度调研国内外知名品牌学校 2.引入第三方专业机构，加强培训与指导 3.借助名校长工作室外力，向教育同行展示切磋办学成果	1.提升学校行政管理、中层干部的品牌文化领导力、品牌领导力、课程统整领导力 2.组建品牌建设小组 3.形成品牌培育工作方案
学生学习	教导处、年级、学科组、少先队大队	1.开展自主学习模式创新 2.学习资源投放 3.加强少先队组织建设、学生社团建设，活动育人	1.活动档案 2.学习成效报告
教师培训与教科研	校长室、办公室、教导处、德育处	1.通过专项的课题研究、入职培训、专题培训、学历提升、交流访学，引导教师团队积极转变教学理念和教学方式 2.创建校本课程创研团队，开展教学改革实践，展现教研风貌	1.教研专业成长档案 2.组建课程开发
课程开发与探索	教导处、德育处、少先队大队	1.组建课程开发领导小组 2.全面梳理现有的校本课程、特色项目、学生社团活动，开展系列化的课程建设 3.实施多元教学评价，适当探索个性化评价 4.开发《家长学院系列课程》和德育精品校本课程	1.形成校本课程体系 2.校本课程实施方案 3.教学评价体系 4.形成校本教材

项目模块	联动部门	工作措施	工作成果
课堂实施	教导处、德育处	1. 开展小组合作学习、体验式德育课堂、"对分课堂"教学新模式 2. 开展校本一师一优课"本真课堂"评比 3. 建立健全的课堂教学管理制度和教学质量测评、分析与改进机制	1. 教师备课档案 2. 专项活动记录及成果
资源统整	办公室、德育处	1. 完善组织机构，建立有效的组织管理网络 2. 以评促建，每学期对品牌规划的各项目标进行专项评价与指导	形成规范文字材料
家校共育	办公室、德育处	1. 完善组织机构，建立有效的年级家长委员会管理网络 2. 全面调研各年级家长学校教育专题，基于调研开发适切的家长课程 3. 组建家长志愿者团队开展校园服务	工作计划及工作成果
校园营造	办公室、德育处、总务处	1. 成立专项工作组，联动第三方专业单位开展高位规划设计 2. 大力推进学校公共空间阳光校道、智慧课室、数字图书馆、分级阅读馆、STEAM 实验室、创客空间等项目建设，打造智慧校园 3. 按照规范进行施工	1. 专项设计方案 2. 验收证明及建设成果
特色项目	校长室、德育处、教导处、少先队大队	1. 成立专项工作组，制订年度工作计划，系统开展工作 2. 任务驱动，成果导向，孵化建设成果	1. 特色项目工作方案 2. 工作流程记录 3. 专项工作成果

第四节　小学本真教育的教师实践

中共中央、国务院发布的《关于全面深化新时代教师队伍建设改革的意见》（中发〔2018〕4号），明确指出教师在社会、文化及国家发展中的核心角色。教师不仅是知识、思想和真理的传播者，更是人类灵魂、生命和形象的塑造者。这一角色定位突显了教师在推动社会进步和文化传承中的不可替代性。教师的职责远超出完成传统教学任务，涵盖了对学生价值观、道德观和世界观的全面影响。该意见将教师定义为"教育发展的第一资源"，这一表述强调了教师在教育系统中的基础性地位。教育质量和国家未来的发展息息相关，而教师的素质和能力直接影响到教育质量的提升。因此，投资于教师的发展等同于投资于国家的长远利益。教师的专业成长和教学质量的提升是实现国家富强和民族振兴的关键途径。教师的重要性在于其对人民幸福的贡献。教师不仅通过教育传授知识，更是在塑造一个更加公正、有道德和有能力的社会成员。从长远来看，教师的工作对于提升公民的整体生活质量和社会福祉具有深远的影响。

一、立教师发展之本

小学本真教育教师实践中的立教师发展之本涉及将教育理论与教学实践相融合，培养具有专业能力、坚定教育理想信念与积极教育态度的教师。本文从教师的专业能力提升、教育理想的确立以及教育态度的塑

造三个维度探讨小学教师发展的具体实践。

在专业能力方面，小学教师需要通过不断的教育理论学习和教学实践活动提高其教育教学技能。具体而言，教师应参与校本培训，通过模拟教学、案例分析等形式深入理解教育理论，实现理论与实践的有效结合。此外，参加学术交流活动也能使教师在同行中获取新的教育方法，不断更新其教学策略，增强对学生的指导和管理能力。教育理想的确立是教师发展的核心部分，这要求教师对教育有深入的理解和个人独特的认知。在本真教育环境中，教师应树立正确的教育观念，形成一种教育使命感。教师的教育理念不仅体现在教学技能的运用上，更重要的是在于如何激发学生的学习兴趣和提高其自我发展能力。通过实例教学和问题解决学习，教师可以引导学生主动探索知识，培养其持续学习的动力和能力。

教育态度的深化则涉及教师如何对待教育工作的情感与态度。教师应具备积极向上的教育态度，这不仅能提高自身的教学质量，还能有效影响学生的学习态度和行为。在本真教育中，教师通过展示热情、同情和支持来达成与学生的正面互动，这种态度不仅能够促进学生的情感发展，也是学生性格形成的重要因素。

二、求教师发展之真

教师成长的本质指出，教师的成长遵循某些固有的规则，依赖于教师的积极参与、自我反思的能力以及培训过程的科学性。探索教师成长的核心同样分为三个关键领域：教师发展的内部规律、教师的主动性，以及教师培训发展的科学性。

（一）教师发展的内在规律性

教师发展的规律性包含了其成长过程中的阶段性进展以及在此过程中展现的主观能动性和专业化发展的内在逻辑。这种规律性不仅反映了教师职业生涯的自然演变，还揭示了教师在专业成长中主动学习和反思的能力。

从教师成长的阶段性来看，通常包括六个不同的阶段：适应期、熟练期、成熟期、发展期、创造期和创造后期。适应期是新手教师开始职业生涯的起点，通常持续 1～3 年，此时教师的教学技能尚在起步阶段，缺乏足够的实践经验。随着时间的推移，教师进入熟练期，这一阶段通常持续 3～8 年，此时教师逐渐掌握了基本的教学技能，但专业知识和教学经验仍有待进一步完善，对学生的理解也不够深入。成熟期大约在教师工作 10 年时，教师积累了丰富的教学经验，但仍未完全形成独特的教学风格和思想。发展期通常在教师工作 15 年以上时，教师已经形成了一定的教学风格和思想，教学经验丰富，且通常获得了高级职称。创造期是教师成为骨干和学科带头人的阶段，此时教师已具备了独特的教学思想和风格，但尚未完全系统化。创造后期是特级教师或专家教师的阶段，这些教师不仅拥有丰富的教学经验和系统化的教学思想，还在学科领域内具有较高的影响力。

教师发展的主观能动性是其成长的内在驱动力。尽管外部因素如教育体制、教育理念、科研水平和创新能力等会对教师的发展产生影响，但真正推动教师成长的核心因素是教师自身的学习能力。教师的学习能力不仅是其适应职业需求的重要因素，也是教师专业化发展的核心内容。通过持续的思想与情感交流，教师的生活内容不断得到丰富与充实，而这种学习能力的不断发展是教师专业化的关键所在。激发教师的学习能力是教师管理与评价的核心，因为教师发展的关键在于如何促进其学习能力的提升。

从教师专业发展的内容来看，国家出台了相关的教师专业发展标准。2012 年 2 月 10 日，教育部发布了《幼儿园教师专业标准（试行）》《小学教师专业标准（试行）》和《中学教师专业标准（试行）》。小学教师专业标准明确提出了四个方面的要求。首先，师德为先。要求教师热爱

小学教育事业，具有职业理想，践行社会主义核心价值体系，履行教师职业道德规范，依法执教，关爱小学生。尊重小学生人格，具有爱心、责任心、耐心和细心。其次，以学生为本，要求教师尊重小学生权益，以小学生为主体，充分调动和发挥小学生的主动性，遵循小学生身心发展特点和教育教学规律，提供适合的教育，促进小学生生动活泼学习、健康快乐成长。再次，以能力为重。要求教师把学科知识、教育理论与教育实践有机结合，突出教书育人的实践能力，认真研究小学生，遵循小学生成长规律，提升教育教学专业化水平，坚持实践、反思、再实践、再反思，不断提高专业能力。最后，终身学习。要求教师学习先进的小学教育理论，了解国内外小学教育改革与发展的经验和做法，优化知识结构，提高文化素养，具有终生学习与持续发展的意识和能力，成为终生学习的典范。

（二）教师发展的主动性

教师的发展可以理解为教师在其职业生涯中所经历的持续演进过程，即在教育教学活动中，通过不断的学习、实践、反思和研究，逐步提升其专业水平、专业能力和工作绩效的过程。教师的成长变化体现出三个主要特征：首先是达到合格教师的标准，其次是成长为骨干教师，最后是成为学科带头人或教育专家。这种变化过程反映了教师在职业生涯中的多层次发展。教师在其职业生涯的初始阶段，通过不断适应和积累实践经验，逐步达到合格教师的标准，具备基础的教育教学能力和职业素养。在此基础上，教师进一步提升自身的教学技能和专业知识，逐渐成为骨干教师，能够在教育教学中发挥更大的作用，并在专业领域内获得一定的认可和产生影响力。最终，通过持续的专业发展和学术研究，教师有望成为学科带头人或教育专家，具备深厚的学术造诣和广泛的行业影响力，能够在更高层次上引领教育教学实践和理论的发展。这一发展过程不仅是教师个体专业素养和能力提升的体现，也是教育体系和教学质量不断优化的重要环节。因此，理解和支持教师的发展，对于推动教育事业的整体进步具有重要意义。

1. 教师成为合格教师

在本真教育实践中，成为一名合格教师是至关重要的，这不仅是对教师自身职业素养的要求，更是对教育质量提升的保障。合格教师是依据专业标准进行评估并达到要求的，他们需要在多个方面具备相应的条件。

合格教师必须具备丰富的学科知识和必要的教育知识。他们需要掌握所教学科的基本理论和最新发展情况，同时具备全面的教育理论知识，能够有效地将学科知识与教育实践相结合。良好的师德修养是合格教师不可或缺的素养之一，包括热爱教育事业、关爱学生、忠诚于学校、热爱所教授的学科等。师德修养不仅影响教师的教学行为，也直接关系到学生的成长和发展。合格教师需要掌握教育的基本方法和技能。他们应具备全面深入了解学生的能力，能够进行思想品德教育，熟悉并能灵活运用课程标准与教科书，具备高效的课堂教学能力。此外，组织课外活动和进行教育科研也是合格教师应具备的重要能力。

在教育心理素养方面，合格教师应具有良好的身体和心理素质，能够应对教育工作的压力和挑战，并保持积极健康的心态。小学合格教师的素养可以归纳为四个方面：职业道德素养、文化科学素养、业务能力素养和教育心理素养。在职业道德素养方面，教师应展现对教育事业和学生的热爱，忠于学校和学科。在文化科学素养方面，教师需要拥有深厚的学科专业知识，掌握基本的教育理论和教育科研方法，并了解相关学科的知识。在业务能力素养方面，教师应能够深入了解学生，进行思想品德教育，钻研课程标准与教科书，具备课堂教学和组织课外活动的能力，同时具备进行教研与科研的能力。在教育心理素养方面，教师应具备良好的身体和心理素质，能够在教学过程中保持积极的心理状态。

通过本真教育实践，教师在不断学习、实践和反思中，逐步达到并超越合格教师的标准，提升自身的专业素养和教育能力，最终为学生的全面发展和教育质量的提高作出贡献。

2. 教师成为骨干教师

在本真教育实践中，成为骨干教师是教育发展的关键环节。骨干教师不仅在教师群体中扮演着重要的角色，还在提升整体教育质量和推动教育改革中发挥着不可或缺的作用。2021年1月，教育部等六部门印发《关于加强新时代高校教师队伍建设改革的指导意见》中对骨干教师的界定，明确指出骨干教师应具备优异的师德修养和职业素质，在中小学教育中具有较高知名度和被广泛认可的教学能力。他们不仅承担着较重的教育教学任务，还在教育研究方面表现出浓厚的兴趣和显著的成果，能够在教师群体中起到示范和引领作用。

成为骨干教师要求在多方面表现出色。首先，师德修养和职业素质的提升。在本真教育实践中，教师需要不断进行自我反思和职业道德的提升，保持对教育事业的热情和对学生的关爱。优秀的骨干教师不仅是教学的能手，更是师德的楷模。他们通过自身的行动，影响并带动其他教师，共同营造积极向上的教育氛围。其次，骨干教师在教学实践中展现出卓越的能力。他们不仅需要在日常教学中展现出高超的教学技能，还需在课程设计、教学方法创新等方面不断探索和进步，力求每堂课都能充分激发学生的学习兴趣和潜力。通过"带头学习、带头研究、带头实践"，骨干教师不断提升自己的专业水平，同时也为其他教师树立了良好的榜样。

骨干教师在教育研究方面具有突出的能力和成就。本真教育实践强调教师在教学过程中不断进行实践反思和理论研究，骨干教师正是在这种过程中脱颖而出的。他们不仅参与教育研究，还积极将研究成果应用到教学实践中，推动教育质量的提升。通过参与各种教育科研项目和发表学术论文，骨干教师不仅提升了自身的专业水平，也为教育理论的发展作出了贡献。各地高度重视骨干教师的培养与管理，出台了一系列优先政策，支持骨干教师攻读硕士研究生、参加名师名校长培养项目、赴国内外知名大学培训进修或做访问学者等。这些政策为骨干教师提供了更多的学习和发展机会，使他们能够不断提升自身的专业素养和教学能力。

通过这些措施，骨干教师在本真教育实践中，不仅成为教学的中坚力量，也成为教育改革和发展的重要推动者。他们在教学中精益求精，在教育研究中不断探索，为提升教育质量和推动教育进步作出了重要贡献。骨干教师的示范作用和带动作用不仅体现在课堂教学中，也体现在他们对整个教师团队的影响上。他们通过分享教学经验、进行教学指导、参与教师培训等方式，帮助其他教师提升专业水平，共同推动教育事业的发展。

3. 教师成为学科带头人

在本真教育实践中，成为学科带头人代表了教师在专业领域的卓越成就和领导力。这不仅是对教师专业素养的高度认可，更是对其在学科建设、教学改革以及教育研究中所作的重要贡献的肯定。学科带头人肩负着指导和组织教师开展学科研究的重任，他们在某一学科领域具有专长，能够在教育教学中起到示范和引领作用。

学科带头人的角色不是一种正式的职称或职位，而是一种专业身份和责任。尽管各地对于学科带头人的考核标准可能有所不同，但其核心内容基本一致。学科带头人需要指导本专业的整体建设规划和教学改革，制订和修订教学计划、教学大纲和实践技能培养方案，负责本专业教学质量的监控。这不仅要求学科带头人具备深厚的学科知识和教学能力，还需要他们在教育研究方面展现出突出的能力，能够将研究成果有效地应用于教学实践中。

在本真教育实践中，学科带头人还承担着培养和指导骨干教师与青

年教师的重任。学科带头人通过讲座、答疑、以师带徒等形式,对骨干教师和青年教师进行指导,帮助他们提升专业素养和教学能力。学科带头人通常会固定帮带至少两名教师,并至少承担一门专业教学任务,在教学研究方面发挥引领作用。每学年,学科带头人还需在全校范围内组织学术讲座和教育教学研讨会,指导和带动本学科的建设,推动校本教材、实训指导手册的开发和试题库建设。通过这些活动,学科带头人不仅提升了自身的专业水平,也为学校提升教育教学质量提供了重要支持。

学科带头人在教育科研方面也有着重要的贡献。每学年至少在市级刊物上发表一篇论文或获得一个市级以上教科研项目一等奖奖项,并在两年任期内至少参加一项市级以上科研课题,且取得较突出的研究成果。这些要求不仅体现了学科带头人在科研方面的卓越能力,还反映了他们在推动教育教学改革和创新中的重要作用。教师成为学科带头人,是其自我主动发展的结果。教师发展的自我主动性体现在三个方面。一是自我发展的意识,教师应对不同层次的教师发展标准有清晰的认识,并依据这些标准开展教育教学活动。二是自我发展的教育教学能力提升,教师需要不断提升自己的教学设计、教学活动指导与管理以及教学效果评价等能力。三是思想的积累,教师不仅是教育理论和方法的运用者,更是通过创新教育教学实践不断积累教育思想的人。

通过本真教育实践,教师在不断学习和反思中成长为学科带头人,他们不仅提升了自身的专业素养和教学能力,也为推动教育改革和提高教育质量作出了重要贡献。学科带头人作为教育教学的引领者和指导者,不仅在自己的学科领域中发挥着关键作用,还通过培养和带动其他教师,共同提升整个教育团队的专业水平和教学质量。因此,学科带头人的成长与发展不仅是教师个人职业生涯的进步,也是教育事业整体发展的重要标志。

(三)教师发展培训的科学性

在本真教育实践中,校本培训的科学性至关重要。校本培训以学校为本，以教师发展为核心，通过有针对性的培训内容和灵活多样的培训方式，提高教师的教育教学能力和综合素养。科学的校本培训不仅有助于教师的个人发展，还为学校提高整体教育质量提供了保障。

校本培训的科学性体现在其因地制宜的特性上。不同的学校有着不同的教师学历结构、学科教学实践问题以及教育深化改革发展的目标。因此，校本培训必须根据学校具体的实际情况进行定制，以满足其特定的需求。例如，在课程体系建设方面，不同学校有不同的侧重点，校本培训需要结合学校的近期和远期目标，制订出适合该校的培训计划和培训考核标准。这种以校为本的培训方式，能够更好地针对教师在教育教学实践中遇到的问题进行指导和帮助，从而提升培训的有效性和针对性。

校本培训强调以教师发展为本，这意味着培训的核心目标是最大化地开发和利用教师的学习潜能。科学的校本培训方案应该以提高教师的素养和能力为总体目标，细化培训内容、培训方式、培训管理考核以及培训结果的使用。例如，培训内容应涵盖学科专业知识、教育教学方法、课堂管理技巧等多方面，培训方式则可以包括讲座、研讨会、观摩教学、实践操作等多种形式。此外，科学的培训管理考核机制能够确保培训过程的顺利进行，并对培训结果进行有效评估，以便及时调整和改进培训方案。通过这些措施，校本培训能够帮助教师不断提升自身的专业素养和教学能力，从而实现个人职业发展的目标。

校本培训的科学性还体现在对教师学习能力的开发和利用上。教师的发展不仅需要外部的支持和指导，更需要自身主动性的发挥。科学的校本培训应从教师自我主动发展的意识入手，强化教师的学习动力和学习习惯。例如，通过设置挑战性任务、提供丰富的学习资源、营造良好的学习氛围等方式，激发教师的学习兴趣和动力。此外，科学的校本培训还应注重优化教师的教育教学能力结构，提升教师的综合素质。例如，在培训计划中，可以重点加强教师在教学设计、教学活动指导与管理、教学效果评价等方面的能力培训，从而全面提升教师的教学水平和教学

效果。

　　校本培训的科学性还体现在其对教师师德素养的重视上。教师的职业道德是其从事教育教学工作的基石，良好的师德素养不仅能够提升教师的个人形象和职业声誉，还能对学生产生积极的影响。科学的校本培训应从德高为师的角度出发，制订具体的培训计划和培训内容，通过各种形式的培训活动，帮助教师不断提升自身的师德素养。例如，可以通过组织师德讲座、开展师德讨论会、进行师德实践活动等方式，帮助教师树立正确的职业道德观念，提高其职业道德水平。

第五章　本真教育的未来展望

一、全球化背景下的本真教育趋势

本真教育在全球化背景下展示出了显著的发展趋势。本节旨在深入探讨全球化如何影响本真教育的理念和实践，特别是在文化交流加速、信息流通广泛和经济一体化的大环境中。

全球化促进了教育观念的多样性交流与融合。本真教育强调教育应贴近学生的真实需求，支持其个性化发展。这一理念在不同文化和教育体系的交流中有新的理解和应用。例如，在西方国家的教育系统中，学生中心理论的实践较为普遍，强调以学生为中心的教学方法，支持学生根据自己的兴趣和天赋发展。而在亚洲一些国家，传统教育更侧重于成绩和标准化考试。但在全球化的推动下，亚洲这些地区开始逐渐引入并重视发展学生的独立思考能力和创新精神，这与本真教育的核心理念相契合。

信息技术的迅猛发展极大地推动了本真教育的实践。网络和数字技术的广泛应用使得个性化学习成为可能。学生可以根据自己的学习节奏和兴趣选择学习材料和路径，这一点在远程教育和在线课程的普及中尤为明显。教育内容和资源的全球可达性降低了学习的地域和经济限制，促使教育更加贴近本真教育的目标，即满足每个学生的个体需求。

全球化也带来了对本真教育理念的挑战。经济一体化和市场竞争的加剧使教育越来越多地被视为人力资本的投资，这可能与本真教育追求的教育本质和学生自我发展的目标相冲突。教育机构在追求提升国际竞争力和高排名的同时，可能会忽视对学生个性化和全人教育的关注。因此，如何在全球化的大背景下坚持并推广本真教育的核心价值，需要教育政策制定者、学校和教育工作者的共同努力和智慧运用。

二、本真教育的可持续性

（一）本真教育与可持续发展目标结合

本真教育强调个人的全面发展、批判性思维和社会责任感，这些理念与可持续发展目标之间存在显著的契合性。可持续发展目标包括17个具体目标，旨在实现社会、经济和环境的协调发展。本真教育通过其独特的教育理念和实践方法，可以在多个方面促进这些目标的实现。

本真教育的核心理念之一是重视个体的内在潜力和独立思考能力的培养，这与可持续发展目标中关于优质教育和公平的理念高度一致。优质教育和公平是联合国教科文组织在全球范围内推广的重要目标之一，通过提升教育质量和普惠性，减少全球教育不平等现象。本真教育鼓励学生探索自身兴趣和天赋，为其提供多元化的学习机会，使他们能够根据自己的兴趣和特长选择适合自己的学习路径。这种教育模式不仅有助于学生个体潜力的最大化发挥，也能提高教育系统的整体质量，从而促进教育的公平性和包容性。此外，本真教育注重个性化教学，关注每个学生的独特需求，通过灵活的教学方法和多样化的课程设置，确保每个孩子都能接受到适合其发展的教育资源。这种教育模式不仅提升了教育的质量，也增强了教育的普惠性，为减少不平等奠定了基础。

本真教育还提倡生态意识和环境保护，这与可持续发展目标中的环境可持续性目标直接相关。环境可持续性是全球面临的重大挑战之一，

教育在培养环保意识和推动生态保护方面发挥着重要作用。本真教育通过将生态知识融入课程之中，鼓励学生关注环境问题，培养他们的生态责任感和可持续发展意识。在教学实践中，本真教育采用自然体验、项目式学习等方法，使学生能够亲身体验和理解环境保护的重要性。通过实地考察、自然观察和开启环境项目等活动，学生能够深入了解生态系统的运行机制和环境保护的重要性，进而在日常生活中实践可持续发展的理念。例如，在生态项目中，学生可以参与植树、环保宣传、垃圾分类等活动，通过亲身实践，体会到环境保护的实际意义和重要性。这种教育方式不仅增强了学生的环保意识，也培养了他们的实际操作能力和社会责任感，使他们在未来能够自觉地参与和推动可持续发展的实践。

本真教育强调社会责任和公民意识的培养，这与可持续发展目标中的社会可持续性目标相契合。社会可持续性目标包括消除贫困、消除饥饿、健康与福祉、性别平等等方面，这些目标的实现需要公民具有高度的社会责任感和积极的参与意识。本真教育通过开展社区服务和社会实践活动，使学生能够在实践中理解和体验社会责任感，培养参与公共事务的积极性。例如，学校可以组织学生参与社区服务、志愿者活动和社会调查等项目，使他们在实际行动中理解社会问题的复杂性和解决这些问题的重要性。这不仅有助于他们成为负责任的公民，而且促进了社会的和谐与进步。通过这些活动，学生能够学会尊重他人、理解多样性，培养合作精神和社会正义感，从而在未来的生活中积极参与社会建设和发展，推动社会的可持续进步。

本真教育注重全球视野的培养，这对于实现可持续发展目标中的全球合作与伙伴关系目标至关重要。在全球化背景下，教育不再局限于本地或国家层面，而是需要培养学生的全球意识和跨文化交流能力。全球合作与伙伴关系是实现可持续发展目标的重要保障，本真教育通过引入多元文化教育和国际交流项目，帮助学生理解和尊重不同文化，增强其全球公民意识和合作精神。例如，学校可以通过交换生项目、国际夏令营、跨文化交流等活动，使学生有机会接触和了解不同国家和地区的文化和社会，培养他们的全球视野和跨文化交流能力。这种教育方式不仅开阔了学生的眼界，还加深了他们对全球问题的认识和理解，使他们能够在全球化背景下，更好地认识和应对可持续发展挑战。

（二）本真教育在资源利用和环境保护方面的作用

本真教育作为一种强调个人全面发展的教育理念，在资源利用和环境保护方面发挥着重要作用。通过独特的教学方法和实践，本真教育积极推动资源的可持续利用和环境的保护，从而在应对全球生态危机中起到关键作用。展望未来，本真教育将继续通过多种途径强化其在环境保护方面的影响，为实现全球可持续发展目标贡献力量。

本真教育提倡生态教育和环境保护意识的培养，预示着未来在课程设置和教学实践中，生态学和环境科学将占据更加重要的地位。通过将环境教育融入课程之中，学生能够系统地学习生态学和环境科学的基本知识，从而提高对自然环境的认识和环保意识。这种教育方式不仅增强了学生的生态责任感，还培养了他们对自然的热爱和保护意识。在教学实践中，教师可以利用学校周边的自然资源，如公园、植物园等，开展户外教学，使学生能够亲身体验和观察自然现象，理解生态系统的运行机制。这种亲近自然的教育方法有助于培养学生的环保意识，使他们能够在真实的环境中学习并理解环境保护的重要性。

实践活动在本真教育中扮演着至关重要的角色。通过实践活动，学生能够学习并掌握环境保护技能。例如，学校可以创设生态项目，如植树、清理垃圾、建设校园花园等，让学生在实践中学习如何保护和改善环境。这些活动不仅提高了学生的实际操作能力，还增强了他们的团队合作精神和社会责任感。通过参与这些项目，学生能够认识到每个人在环境保护中的重要作用，从而在日常生活中自觉地落实环保行为，如节约资源、减少浪费、使用可再生能源等。

展望未来，本真教育将在更广泛的层面上推广和实施这些实践活动，进一步强化学生的环保意识和技能，为推动全球环境保护作出贡献。

本真教育在资源利用方面强调可持续性和创新性。在教学过程中，教师可以引导学生探讨如何利用废弃物和再生资源，通过创意和创新设计，将这些废弃物和资源转化为有用的产品。例如，通过手工制作和艺术创作，学生可以学习如何将废旧材料变废为宝，培养他们的创造力和环保意识。这种教育方法不仅使学生学会了资源的循环利用，还激发了他们的创新思维和提高其解决问题的能力。未来，本真教育将在资源利用和创新设计方面继续深化探索，促进更多具有实际应用价值的环保项目得以实施，培养学生的环保意识和创新能力，使他们能够在未来的社会中积极推动可持续发展。

本真教育还注重培养学生的系统思维和批判性思维能力，使他们能够从整体和长远的角度思考环境问题。通过综合学科的交叉学习，学生能够理解环境问题的复杂性和系统性，认识到环境保护不仅是个体的责任，更是社会和全球共同的任务。在此基础上，学生能够形成科学的环保观念，提出有效的环境保护方案，积极参与公共事务和政策制定，从而在更大范围内推动环境保护和可持续发展。

展望未来，本真教育将通过多学科融合的方式，进一步培养学生的系统思维和批判性思维能力，使他们能够在全球范围内更有效地应对环境挑战，推动环境的可持续发展。

本真教育在资源利用和环境保护方面的作用不仅体现在学生个体素质的提升上，更在于其对整个社会环保意识的培养和引导。通过系统的生态教育和实践活动，学生能够在成长过程中逐步形成正确的资源观和环保观，从而在未来的社会生活和职业生涯中自觉地践行可持续发展的理念，推动社会向绿色和可持续的方向发展。未来，本真教育将继续致力于环保教育的推广和深化，通过多种形式的教育实践和创新，培养更多具有环保意识和社会责任感的年轻一代，为实现全球生态可持续发展目标作出重要贡献。

三、多样化的学习方式

（一）未来本真教育中个性化学习的趋势

本真教育旨在关注学生的个性化发展，强调每个学生都是独特的个体，具有不同的兴趣、能力和学习风格。随着教育技术的发展和对教育多样化需求的增加，个性化学习在本真教育中的地位将进一步提升，并展现出几大显著趋势。

第一，数据驱动的个性化学习将成为主流。随着人工智能和大数据技术的广泛应用，教育系统能够收集和分析大量学生的学习数据，提供基于数据的个性化学习建议和方案。智能学习平台可以通过对学生学习行为、兴趣和进度的分析，制订个性化的学习计划和路径。例如，学习管理系统可以实时监控学生的学习状态，识别学习中的薄弱环节，并推送相应的学习资源和练习题。这种基于数据的个性化学习不仅能够提高学习效率，还能使学生在学习过程中获得更好的体验。

第二，混合式学习模式将得到广泛应用。混合式学习将在线学习与面授教学相结合，既保留了面授教学中师生互动的优势，又充分利用了在线学习的灵活性和丰富性。未来的教育系统将更加灵活，学生可以根据自己的学习需求和节奏，自由选择线上或线下的学习方式。混合式学习不仅能满足学生个性化的学习需求，还能促进学生的自主学习能力和时间管理能力的提升。在这种模式下，教师的角色将从知识传授者转变为学生学习的引导者和支持者，为学生提供个性化的指导和帮助。

第三，个性化学习资源将更加丰富和多样化。随着教育技术的发展，在线学习平台和资源库将不断丰富，学生可以根据自己的兴趣和需要，选择不同的学习资源进行学习。未来的教育资源将不仅限于传统的课本和讲义，还将包括视频课程、互动练习、虚拟实验、在线讨论等多种形

式。这些丰富的学习资源不仅能满足学生个性化的学习需求，还能激发学生的学习兴趣和动机。教育资源的多样化还将促进跨学科的学习，使学生能够在不同的学科领域中获得全面的发展。

第四，学生的自主学习和探究能力将得到进一步强化。个性化学习强调学生在学习过程中的主动性和参与性，鼓励学生自主选择学习内容和方法。未来的本真教育将更加注重培养学生的自主学习能力和探究精神，使他们能够在自主探究和实践中获得知识和技能。例如，项目式学习和探究式学习将成为个性化学习的重要形式，学生可以通过参与实际项目和研究课题，在解决实际问题的过程中学习和应用知识。这种学习方式不仅能提高学生的实践能力和解决问题的能力，还能培养学生的创新思维和批判性思维。

（二）在线教育与传统教育相结合的模式

随着科技的进步和教育理念的变革，在线教育与传统教育相结合的混合模式成为未来教育发展的重要趋势。这种模式结合了在线教育的灵活性和广泛性，以及传统教育的互动性和深度，使教育过程更加全面和高效。

在线教育在过去几年中得到了迅速发展，其优势在于能够打破时空限制，为学生提供灵活的学习环境。学生可以根据自己的时间安排进行学习，避免了固定时间和地点的限制。此外，在线教育平台提供了丰富的学习资源和工具，如视频课程、在线测验、互动练习等，使学生能够根据自己的兴趣和需求进行个性化学习。然而，在线教育也存在一些挑战，如缺乏面对面的互动和交流、学生自律性要求高等。因此，在线教育与传统教育相结合的模式，可以弥补单一教育形式的不足之处，发挥各自的优势，实现教育的优化。

在混合教育模式中，教师的角色将发生重要转变。教师不仅是知识的传授者，更是学生学习的引导者和支持者。在课堂教学中，教师可以通过面对面的互动了解学生的学习情况，及时提供帮助和指导。而在在线学习部分，教师可以利用学习管理系统，跟踪学生的学习进度，分析学习数据，提供个性化的学习建议和反馈。例如，教师可以通过在线平台发布学习任务，组织在线讨论，评估学生的学习成果，并根据他们的表现调整教学计划。这种线上线下相结合的教学模式不仅能提高教学效果，还能促进师生之间的互动和交流。

混合教育模式在课程设计和教学方法上也将更加灵活和多样化。课程设计可以结合在线和面授的特点，合理安排教学内容和活动。例如，在理论知识的讲授上，可以利用在线课程和视频讲解，使学生在课前自主学习，掌握基本概念和原理。在课堂教学中，教师可以更多地采用互动教学、案例分析、实验操作等方法，深化学生对知识的理解和应用。这样的课程设计不仅能提高学生的学习效果，还能激发他们的学习兴趣和主动性。此外，混合教育模式还可以通过在线平台开展小组合作学习、项目式学习等活动，使学生在合作与探究中获得全面的发展。

在线教育与传统教育相结合的模式还能够有效利用教育资源，促进教育的公平性和普及性。在线教育平台可以将优质的教育资源向更广泛的地区和群体开放，使更多的学生能够享受到高质量的教育。例如，农村和偏远地区的学生通过在线平台，可以接触优秀的教师和课程，获得与城市学生同等的学习机会。此外，混合教育模式还可以通过在线辅导和答疑，帮助学生解决学习中的疑难问题，提高学习效果。这种教育模式不仅能弥补教育资源分配不均的问题，还能推动教育的普惠化和公平。

在混合教育模式中，技术的应用是关键。学习管理系统、虚拟现实、在线平台等技术工具，将在教学中发挥重要作用。例如，学习管理系统可以帮助教师跟踪和分析学生的学习数据，提供个性化的学习建议和反馈。虚拟现实技术可以为学生提供沉浸式的学习体验，使他们能够在虚拟环境中进行实验和探索。此外，在线平台可以提供多样化的学习资源和互动工具，如视频课程、在线测验、讨论论坛等，丰富学生的学习体

验。这些技术工具的应用不仅能提高教学的效率和效果，还能为学生提供更加丰富和多样化的学习体验。

　　未来的本真教育将进一步推动个性化学习的发展，通过数据驱动、混合式学习、丰富的学习资源和自主学习能力的培养，提升学生的学习体验和效果。同时，在线教育与传统教育相结合的模式，将通过灵活的课程设计和教学方法，有效利用教育资源，促进教育的公平性和普及性。在这种教育模式下，教师的角色将更加多元化，技术的应用将更加广泛，为实现高质量和可持续的教育提供有力支持。通过这些努力，未来的教育将更加个性化、灵活和高效，为每个学生提供适合其发展的教育机会，推动全球教育事业的持续进步。

四、教育公平与本真教育

　　本真教育作为一种注重个体全面发展的教育理念，能够在多个层面上促进教育公平。教育公平不仅是指所有学生都能获得平等的教育机会，更重要的是指每个学生都能接受适合其自身发展的教育，从而最大化挖掘其潜力。本真教育通过其独特的教育方法和实践，为实现这一目标提供了有力的支持。

　　本真教育首先强调个性化教育，关注每个学生的独特需求和潜力。传统教育模式往往以统一的标准来评价学生，忽视了学生个体之间的差异。而本真教育通过个性化的教学方法，如项目式学习、探究式学习和体验式学习，鼓励学生根据自己的兴趣和能力选择学习内容和方式。这种教学模式不仅能够满足学生个性化的学习需求，还能帮助他们发现和发展自己的特长，从而实现真正意义上的教育公平。

　　本真教育注重培养学生的批判性思维和创新能力，使学生能够在多元化的社会中更好地适应和发展。传统教育模式往往侧重于知识的灌输和记忆，而忽视了学生思维能力的培养。本真教育通过开放式问题、跨学科学习和实践活动，激发学生的好奇心和求知欲，培养他们的批判性思维和创新能力。这不仅有助于学生全面发展，也能够帮助他们更好地应对未来的挑战，为实现教育公平提供了重要保障。

本真教育还强调社会责任感和公民意识的培养，鼓励学生积极参与社会实践和社区服务。这种教育方式不仅能够增强学生的社会责任感和公共精神，还能帮助他们理解和体验社会的不公平现象，培养其解决社会问题的能力。例如，学校可以组织学生参与社区服务、社会调查和公益活动，使他们在实际行动中理解社会问题的复杂性和解决这些问题的重要性。这种教育方式不仅能够提高学生的社会责任感，还能促进社会的和谐与进步，为实现教育公平提供重要支持。

本真教育在不同社会阶层中的普及和应用是实现教育公平的重要途径。尽管本真教育在理念和实践上具有显著优势，但其在不同社会阶层中的普及和应用仍面临诸多挑战。为了更好地实现教育公平，需要在政策支持、资源配置和社会文化等方面做出各种努力。

在高收入阶层中，本真教育的普及和应用相对较为容易。这一阶层的家庭通常具有较高的教育背景和经济能力，能够为孩子提供优质的教育资源和环境。例如，许多高收入家庭会选择持本真教育理念的私立学校或国际学校，这些学校通常拥有先进的教育设施和优秀的师资力量，能够为学生提供个性化和全面发展的教育。此外，高收入家庭还能够通过课外辅导、兴趣班和国际交流等方式，为孩子提供更多的学习机会和发展空间。然而，尽管高收入阶层在本真教育的普及和应用上具有明显优势，但仍需注意教育资源的合理配置，避免资源过度集中在少数人群中，进一步扩大教育不公平现象。

在中等收入阶层中，本真教育的普及和应用具有较大的潜力。中等收入家庭通常具有一定的经济能力和教育意识，愿意为孩子的教育投入时间和资源。然而，这一阶层的家庭在选择教育资源时，大多面临经济压力和信息不对称的问题。例如，许多中等收入家庭无法负担昂贵的私

立学校学费，而公立学校在本真教育理念的实施上往往存在资源和师资不足的问题。因此，如何在中等收入阶层中推广本真教育，成为实现教育公平的重要任务。政府和社会各界可以通过增加教育投入、改进公立学校教育质量、提供更多的教育资源和支持，推动本真教育在中等收入阶层中的普及和应用。

在低收入阶层中，本真教育的普及和应用面临较大的挑战。低收入家庭通常面临经济压力和教育资源匮乏的问题，无法为孩子提供优质的教育环境和条件。此外，低收入家庭的家长往往缺乏教育意识和知识，无法为孩子提供有效的教育指导和支持。因此，如何在低收入阶层中推广本真教育，成为实现教育公平的关键。政府和社会各界可以通过以下几方面的努力，推动本真教育在低收入阶层中的普及和应用。

首先，政府应增加对教育的投入，特别是对低收入地区和家庭的教育支持。例如，可以通过提供免费或低收费的教育资源、建立社区学习中心、提供教育补贴等方式，减轻低收入家庭的经济负担，提升其教育获得感。其次，学校和教师应加强对低收入家庭学生的关爱和支持，提供个性化的教育指导和帮助。例如，可以通过设立专门的教育辅导机构、开展家校合作、组织课外活动等方式，为低收入家庭学生提供更多的学习机会和支持。最后，社会各界应加强对低收入家庭的教育宣传和引导，提升其教育意识和参与度。例如，可以通过媒体宣传、社区活动、志愿者服务等方式，增强低收入家庭对本真教育理念的认识和理解，鼓励其积极参与教育活动，为孩子的全面发展提供有力支持。

本真教育在不同社会阶层中的普及和应用，不仅有助于实现教育公平，还能促进社会的和谐与进步。在高收入阶层中，通过合理配置教育资源，避免资源过度集中，能够减少教育不公平现象，提升教育的普惠性和公平性。在中等收入阶层中，通过增加教育投入和支持，提升公立学校教育质量，能够满足中等收入家庭的教育需求，推动本真教育的普及和应用。在低收入阶层中，通过提供教育支持和加强宣传引导，提升低收入家庭的教育获得感和参与度，能够有效促进教育公平，推动社会的和谐与进步。

五、本真教育的评估与反馈机制

本真教育的核心在于关注学生的全面发展，重视个体的独特性和多样化需求。因此，传统的评估标准和方法，以考试成绩和知识掌握情况为主要评价指标，显然这不能完全满足本真教育的需求。未来，本真教育将采用更加多元化和综合性的评估标准和方法，以全面反映学生的学习过程和发展情况。

未来的本真教育评估标准将更加关注学生的个性化发展和素质培养。传统教育评估通常以统一的考试标准衡量学生的学术成就，忽视了学生在其他方面的发展和潜力。而本真教育的评估标准将包括多个维度，如学术成就、创新能力、批判性思维、社会责任感、情感发展和生活技能等。这种综合评估标准不仅能够全面反映学生的多方面能力，还能激励学生在各个领域全面发展。例如，评估学生的创新能力可以通过项目展示、创意作品和创新竞赛等方式进行，社会责任感可以通过社区服务和社会实践活动的参与情况来衡量。

未来的本真教育评估方法将更加多样化和动态化。传统教育评估主要依赖期中考试和期末考试，评估方式单一且固定，难以全面反映学生的学习过程和进步情况。本真教育将采用多种评估方法，如过程性评估、项目评估、表现性评估和自我评估等。过程性评估通过对学生在学习过程中的表现和进步进行持续观察和记录，全面了解学生的学习状态和发展轨迹。项目评估通过学生参与实际项目和任务的完成情况，评估其综合能力和实际应用能力。表现性评估通过学生的实际表现和作品展示，评估其学习成果和能力水平。自我评估鼓励学生对自己的学习过程和成果进行反思和评价，培养其自我认知和自主学习能力。这些多样化的评

估方法不仅能够全面反映学生的多方面能力，还能激发他们的学习积极性和主动性。

　　大数据技术将为本真教育评估提供强有力的数据支持。通过对学生在学习过程中的行为数据、学习数据和社会数据进行全面收集和分析，可以全面了解学生的学习状态和发展情况。例如，学习管理系统可以实时记录学生的学习进度、作业完成情况和课堂表现。通过数据分析，识别学生的学习优势和不足，为教师提供个性化的教学建议和指导。此外，大数据还可以通过对学生社会活动和情感发展的分析，全面评估学生的社会能力和情感素质，为本真教育的综合评估提供重要依据。

　　人工智能技术在本真教育评估中的应用将更加广泛和智能化。通过人工智能技术，可以实现对学生学习行为和学习效果的智能评估。例如，智能学习系统可以通过对学生学习过程中的表现和数据进行分析，自动生成个性化的评估报告和学习建议，为教师和学生提供精准的评估和指导。此外，人工智能还可以通过自然语言处理和机器学习技术，实现对学生作品和表现的自动评估，提高评估的效率和准确性。例如，通过对学生写作作品的语义分析和评价，可以全面评估其写作能力和语言表达能力。人工智能技术的应用不仅能够提高本真教育评估的科学性和客观性，还能为教师和学生提供更加便捷和高效的评估工具。

　　虚拟现实技术将为本真教育评估提供全新的体验和方法。通过虚拟现实技术，可以实现对学生实际操作和表现的沉浸式评估。例如，在科学实验和工程项目中，学生可以通过虚拟现实环境进行实际操作和模拟实验，教师可以通过虚拟现实系统实时观察和评估学生的操作过程和表现。此外，虚拟现实技术还可以用于情境评估和体验评估，通过模拟真实的社会和生活情境，评估学生的应对能力和社交能力。例如，通过虚拟现实技术，学生可以在模拟的社区服务和社会活动中进行角色扮演和实践，教师可以通过观察和记录学生在虚拟环境中的表现，全面评估其社会责任感和实践能力。虚拟现实技术的应用不仅能够提高本真教育评估的真实性和互动性，还能为学生提供更加丰富和多样化的评估体验。

　　未来本真教育的评估标准和方法将更加多元化和综合化，技术的应用将为评估带来更多的变革和创新。通过大数据、人工智能和虚拟现实等技术手段，可以实现对学生学习过程和发展情况的全面、科学和个性化评估。这不仅能够全面反映学生的多方面能力和素质，还能为教师提供精准的教学指导和支持，推动本真教育的全面发展。

六、本真教育与德本教育的融合

　　当今社会，教育的使命已超越单一的知识传授，转向对学生全面素养的培育与发展。本真教育作为一种注重"学生本性及真实体验"的教育理念，已在现今教育实践中得到广泛推广。然而，面对瞬息万变的社会环境和多元化的教育需求，一线教育工作者必须深入思考适合教育的发展，如何将本真教育推向更高的层次，以更好地实现教育的本质和价值，德本教育便是在这样的背景下应运而生的。

　　德本教育，即以德育为根本的教育方式，旨在通过培养学生的道德品质、人文情怀及社会责任感，塑造出具有高尚品德和全面发展的优秀人才。其教育理念是"德本立人，怀恩正行"，教育的立足点不仅关注学生的知识和技能，更关注他们的品德修养和人格塑造，培养品学兼优和全面发展的学生。

　　德本教育在本土文化中有极其深厚的道德基础。"德本"二字来源于一块牌匾，这块匾悬挂在潢涌村黎氏大宗祠一进前檐上。"德本"纪念黎氏始祖黎宿，表彰其行为孝义，品格高尚。因为黎宿孝顺父母的事迹感动乡邻，有口皆碑，传到了东莞县衙，当时东莞县令表扬了黎宿的孝义行为，将其事迹奏报朝廷。皇上深受其感动，颁旨奖励了黎宿，旌其门"孝义"，嘉其里"德本坊"。因此，"德本"作为教育孩子的典范，代代相传。潢涌小学结合本土文化和课程设计，传承"德本"这一项宝贵精

神文化，将其作为办校特色，发扬光大。

（一）本真教育向德本教育的纵深推进发展

本真教育向德本教育的纵深推进发展，有着坚实的理论支撑。德本教育的理念"德本立人，怀恩正行"来源于《孝经》"夫孝，德之本也，教之所由生也"。通过将孝道作为教育的切入点和理论依据，能够培养出感恩、尊敬和关爱他人的品质，进而促进社会的和谐与进步，落实立德树人的根本任务，培养社会主义建设者和接班人。

教育的核心目标在于促进人的全面发展。德本教育正是实现这一目标的关键路径。培养学生的道德品质，有助于他们更好地适应社会、融入社会，从而达成个人价值与社会价值的和谐统一。德育在人的全面发展中占据核心地位。对于学生个体而言，德育不仅是其个人成长的必需，也是社会进步的必需。具备良好道德品质的人，能够更有效地处理人际关系、解决社会问题，同时为社会作出贡献，推动社会的进步和发展。现代教育理论强调学生的主体性和实践性。德本教育通过引导学生参与社会实践、体验生活，让他们在实践中感悟人生、提升品德。这不仅符合教育目的，也实现了教育的价值。

（二）本真教育向德本教育发展的实践研究

在实践层面，推动从本真教育到德本教育的纵深发展，需要教师和教育工作者做出更多的努力。

首先，教师需转变教育观念，确立以德育为先的教育理念。在日常教学中，应注重培养学生的道德意识、人文素养和社会责任感。这要求教师在教学设计、教学方法以及教学评价等方面，都以德育为核心，将德育贯穿教育的全过程。其次，加强德育实践活动的开展。通过组织各种形式的社会实践活动，如志愿服务、社区服务、公益活动等，让学生参与其中，亲身体验，从而培养其社会责任感和公民意识。同时，通过实践活动，学生能在真实的社会环境中感悟人生、提升品德。再次，加强家校合作，共同推进德本教育的发展。学校应与家长保持密切沟通，共同关注学生的成长过程，共同培养他们的道德品质。家长应积极参与学校的教育活动，为孩子树立良好的道德榜样。最后，完善德育评价体系。建立科学的、全面的德育评价体系，对学生的道德品质、行为表现等进行客观、公正的评价，以激励学生不断提升自己的道德品质。

（三）本真教育向德本教育发展的具体措施

首先，学校教育应以德育为核心，构建全面的课程体系。在课程设计上，必须增加德育课程的比重，这些课程不仅要传授道德知识，更要注重与其他学科的融合，使学生在学习的过程中潜移默化地提高品德。同时，开展多元化的德育活动也是必不可少的。通过这些活动，学生可以在实践中体验生活、感悟人生，从而提升自身的品德修养。

其次，家庭和社会的参与是德本教育实践的关键。家庭是学生成长的重要环境，家长应积极关注孩子的品德教育，引导他们树立正确的价值观和人生观。社会应为学生的德育实践提供广阔的平台和机会，让他们在社会的大家庭中锻炼品质，增长才干。

最后，开展一系列有意义的社会实践活动，让学生在实践中学习，在奉献中成长。这些社会实践活动涵盖了多个领域，从环保公益到文化传承，从科技创新到社区服务，每项都紧密结合社会热点，贴近学生生活。通过参与这些活动，学生不仅能够将所学知识运用到实际中，更能够深入了解社会，增强社会责任感和使命感。让我们一起期待接受德本教育的学生在未来的道路上继续发光发热，为社会贡献更多的力量。

（四）本真教育向德本教育发展的多维评价

在当今的教育领域，德本教育凭借其独特的理念和实践，受到了广泛的关注。本节将从学生、家庭和学校三个维度，对德本教育进行深入的评价。

1. 对学生：品德与智慧的双重塑造

德本教育强调"以德为本"，注重提升学生的品德修养。在德本教育的理念下，学生不再是单纯的知识接受者，而是品德与智慧并重的未来社会栋梁。通过一系列德育课程和实践活动，学生的道德品质得到了显著提升，他们学会了尊重他人、关爱社会，形成了积极向上的价值观。同时，德本教育也注重学术教育，通过创新的教学方法激发学生的学习兴趣，培养他们的自主学习能力。在德本教育的熏陶下，学生不仅学会了知识，更学会了如何做人。

2. 对家庭：和谐与成长的共同促进

德本教育不仅关注学生在学校的成长，更关注他们在家庭中的表现。通过与家长的紧密合作，德本教育为家长提供了丰富的家庭教育资源和指导，帮助家长树立正确的教育观念，掌握科学的教育方法。在德本教育的引导下，家庭氛围更加和谐，亲子关系更加融洽，这为孩子的健康成长提供了有力的支持。同时，德本教育也鼓励家长参与学校教育，形成了家校共育的良好局面。

3. 对学校：理念与实践的完美结合

德本教育在学校层面的实践，充分展示了其理念与实践的完美结合。通过优化课程设置、加强教师队伍建设、完善教学设施等一系列措施，德本教育为师生提供了良好的教育环境。在德本教育的引领下，学校形成了浓厚的文化氛围和积极向上的教育氛围，为培养具有高尚品德和卓越智慧的人才奠定了坚实的基础。同时，德本教育也注重与其他学校的交流与合作，共同推动教育事业的发展。

（五）本真教育向德本教育发展的前景

德本教育能更好地满足社会对人才的需求。在当今社会，对人才的需求已不仅体现在知识和技能的积累上，更重视人才的道德品质、人文情怀和社会责任感。德本教育正是通过培养学生的这些品质，使他们能够更好地适应社会，为社会作出贡献。

德本教育能促进学生的全面发展。在德本教育的理念下，学生不仅在知识和技能上得到提升，更在品德修养和人格塑造上得到全面的发展。这种全面的发展将使学生更好地应对未来的挑战并抓住机遇，无论是在学术上还是在生活中。

德本教育对社会的进步和发展也具有深远的影响。一个拥有良好道德品质的人才队伍，将为社会带来更多的正能量和创造力，推动社会不断前进。德本教育的实施不仅对学生的个人成长具有重要意义，而且对社会的和谐稳定和持续发展产生积极影响。

参考文献

[1] 冯建军.回归本真 "教育与人"的哲学探索 [M].北京：中国人民大学出版社，2019.

[2] 薛萍，杭元康.小学本真教育校本化探索与实践 [M].重庆：重庆大学出版社，2021.

[3] 卢卫东.纯粹语文与本真教育 [M].兰州：甘肃教育出版社，2016.

[4] 张宏.雅斯贝尔斯之本真教育 [M].太原：山西人民出版社，2018.

[5] 包建新.包建新与本真教育 [M].北京：北京师范大学出版社，2014.

[6] 陈金才.陈金才：追求本真教育 [M].北京：首都师范大学出版社，2011.

[7] 余小茅.探寻本真教育：雅斯贝尔斯教育思想的文本学解读 [M].北京：北京师范大学出版社，2015.

[8] 韩卫东.追求本真的教育实践和思考 [M].成都：四川大学出版社，2017.

[9] 胡翠娥.本真教育 素养课堂 [M].长春：吉林文史出版社，2022.

[10] 崔国涛.回归教育本真 [M].做落地有声的德育.长春：吉林人民出版社，2020.

[11] 余恺庶.本真教育 快乐学习之旅 [M].合肥：安徽文艺出版社，2014.

[12] 欧阳明.探寻教育的本真：南充市教育科研优秀成果选集 [M].成

都：四川大学出版社，2018.

[13] 汤岚.在水中触摸教育的本真 [M].苏州：苏州大学出版社，2016.

[14] 陈丽江.特殊教育的本真与智慧 [M].北京：光明日报出版社，2016.

[15] 肖天旭.回归真实：语文教学的本真追寻 [M].广州：暨南大学出版社，2021.

[16] 朱新卓.本真生存与教育 [M].上海：上海三联书店，2013.

[17] 董昭芬.追求教育的本真 [M].北京：光明日报出版社，2011.

[18] 范通战.归真教育：教育本真的探索与实践 [M].郑州：大象出版社，2015.

[19] 周薇娓.童心的回应与引领：基于儿童本真的小学教育创新实践 [M].宁波：宁波出版社，2011.

[20] 唐亮.ChatGPT 促逼教育人文返场的技术可能及其警惕 [J].中国教育信息化，2024，30（5）：67-75.

[21] 吴能表，石定芳.高校课程育人：本真、理路与评价 [J].重庆师范大学学报（社会科学版），2024，44（2）：49-56.

[22] 李郅婷，安宝珍.智能时代德育评价的本真回归与时代转向 [J].教学与管理，2024（10）：67-71.

[23] 白星晶.基于治学起步的教育异化现象研究 [J].吉林省教育学院学报，2024，40（3）：144-148.

[24] 张晓嘉.日常本真：乡土文化融入美术课程的逻辑理路与实践路径——以 S 校学前教育专业为例 [J].美术教育研究，2024（3）：114-117.

[25] 余瑶，李静.劳动与游戏的关系辨析——兼论幼儿劳动教育的开展 [J].中国人民大学教育学刊，2024（1）：116-127.

[26] 金铭，刘剑虹.班级治理应回归以学生为逻辑起点的教育本真 [J].教学与管理，2023（34）：20-25.

[27] 李强，王安全.快时代"慢教育"的多维审视及其价值实现 [J].内蒙古社会科学，2023，44（6）：191-197.

[28] 践行生命本真教育，打造生态活力校园——青岛市城阳区后桃林小学生态文明教育纪实 [J].环境教育，2023（10）：113.

[29] 游旭群.新时代教育家精神的本真意蕴 [J].中国基础教育，2023（10）：12-14.

[30] "研学游"应回归教育本真 [J].党的生活（黑龙江），2023（8）：9.

[31] 范卿泽，谭轶纱，贾伟.立德树人视域下我国家庭教育的价值本真、现实隐忧及发展路向 [J].中国电化教育，2023（8）：68-75.

[32] 邹逢兴.大学内涵式发展的当务之急在回归教育本真 [J].高等教育研究学报，2023，46（2）：39-45.

[33] 闫涛，何俊俏.课程思政视阈下红色文化教育实现路径探析 [J].天津电大学报，2023，27（2）：1-5.

[34] 蒋晨晓.回归"本真"的课程思政建设的理论基础及现实理路——以学前教育专业"儿童文学"课程为例 [J].内蒙古师范大学学报（教育科学版），2023，36（3）：54-60.

[35] 刘美君，牛利华.应然样态、实然困境与超然坚守——家庭教育与儿童发展的三重审视 [J].教育科学研究，2023（6）：19-24.

[36] 叶夏弦.异化与本真：电视剧《人世间》的人物群像塑造——兼谈国产年代剧人物塑造问题 [J].美与时代（下），2023（5）：131～134.

[37] 索慧.小学美术课程本真教育意蕴的偏离及回归 [J].宁夏师范学院学报，2023，44（5）：108-112.

[38] 张小飞.照料：一种面向可能性的教育行动 [J].浙江师范大学学报（社会科学版），2023，48（3）：112-120.

[39] 徐亮.从偏颇回归本真：学校教育中的人本价值取向研究 [D].重庆：重庆师范大学，2021.

[40] 王新文.华德福教育：历史谱系与本真意义 [D].福州：福建师范

大学，2018.

[41] 苏亚.风格即人：维特根斯坦教育思想研究 [D].贵阳；贵州师范大学，2018.

[42] 杜韧战.小学生命化德育的探究：以武穴实验二小为个案 [D].武汉：华中师范大学，2017.

[43] 刘兰兰.唤醒：教育的真谛 [D].开封：河南大学，2016.

[44] 郑朋朋.教育现象学视角下的教师行动研究 [D].保定：河北大学，2015.

[45] 李文娟.新时期少儿美术教育的探索 [D].淮北：淮北师范大学，2014.

[46] 雷雯俊.本真教育理念下中职信息技术探究性学习设计与实践研究 [D].长春：东北师范大学，2013.

[47] 赵荣.生命视阈下的学校道德教育研究 [D].开封：河南大学，2013.

[48] 许婷.儿童生活世界及其教育意蕴 [D].长沙：湖南师范大学，2011.

[49] 祝群.本真理念下普通高中课堂教学管理策略的研究 [D].苏州：苏州大学，2010.

[50] 牛存来.政治对当前中国教育的影响分析：解读当前中国教育困惑的一种思路 [D].济南：山东师范大学，2009.

[51] 王金本.回归本真的教育：哲学解释学视野下的教育探析 [D].南昌：江西师范大学,2009.

[52] 鲜兰."倾听"与"言说"：课堂教学中的教育价值研究 [D].武汉：华中师范大学，2009.

[53] 邹玲.走向关怀：一个可能的探寻教育本真的理论方案 [D].济南：山东师范大学，2007.